SOUVENIRS
D'UN PETIT ALSACIEN
LIBRAIRIE CH. DELAGRAVE
PARIS
15 RUE SOUFFLOT

SOUVENIRS

D'UN

PETIT ALSACIEN

SOCIÉTÉ ANONYME D'IMPRIMERIE DE VILLEFRANCHE-DE-ROUERGUE
Jules BARDOUX, Directeur.

Mᵐᵉ PIERRE DUCHATEAU

SOUVENIRS

D'UN

PETIT ALSACIEN

ILLUSTRATIONS

Par Jules GIRARDET et SPEECHT

PARIS

LIBRAIRIE CH. DELAGRAVE

15, RUE SOUFFLOT 15,

1886

SOUVENIRS
D'UN
PETIT ALSACIEN

I

LA VIE HEUREUSE

La chaumière que nous habitions était toute blanche, avec une toiture recouverte de belles tuiles rouges et des fenêtres dont les volets peints en vert réjouissaient le regard.

En été, le mur se tapissait d'un houblon qui grimpait, grimpait, soutenu par des fils de fer, encadrant de son joli feuillage portes et fenêtres, puis s'élançait, en festons capricieux, jusqu'au sommet de la chère demeure.

Mon père prenait grand soin de son houblon.

Ma mère l'avait planté elle-même, peu de temps après son mariage, elle s'y était attachée, et mon père aimait tout ce qu'aimait ma mère.

A ses moments de loisir, il cultivait aussi le jardin faisant suite à la maisonnette ; cependant les moments de loisir étaient rares, car il travaillait dans une manufacture de draps. Nous habitions l'Alsace et un village aux environs de Strasbourg.

Il me semble encore voir mon père, penché vers le sol, et béchant, sarclant cette terre qui produisait la plus grande partie de la nourriture de la famille.

Quels beaux carrés de choux et de salades! comme j'admirais leurs rangées symétriques, en m'attribuant une partie des éloges que nous valait leur prospérité! N'était-ce pas moi qui, mon arrosoir à la main, combattait la sécheresse en leur versant sans paresse l'eau limpide et bienfaisante?

De temps à autre, lorsque la sueur inondait mon front, je me reposais avec délices sur le gazon fleuri, pendant que mon père redressait sa haute taille courbée, essuyait son visage et jetait les yeux du côté de la maison, où il était sûr d'apercevoir la figure de ma mère, inclinée sur sa besogne.

Nos regards attiraient ses regards; elle les devinait, et souriait de loin aux travailleurs.

Grand'mère demeurait avec nous.

Comme elle était forte, alerte, malgré ses soixante-dix ans bien sonnés! Sa vue seule s'affaiblissait tous les jours; mais toutefois, grâce à ses grosses lunettes, elle tricotait encore et, du matin au soir, les longues aiguilles d'acier s'entre-choquaient entre ses doigts diligents.

Ah! elle avait fort à faire! Mes pieds surtout auraient suffi à occuper le temps de l'aïeule. Nos deux mignonnes, Catherine et la petite Gredel, n'usaient pas leurs bas, heureusement, autant que le grand frère maltraitait les siens; cependant elles trottinaient tout le jour; mais, « les filles ne sont point comme les garçons, » disait grand'mère.

J'aurais été habillé de fer, à l'instar des anciens chevaliers dont M. Franck, le maître d'école, nous contait l'attrayante histoire, que je serais venu à bout d'un semblable vêtement.

Deux vieux serviteurs complétaient la famille ; c'étaient : Fidèle et Mitouflette.

Fidèle méritait bien son nom. Mon père l'avait recueilli un soir, en revenant du travail ; il mourait de faim et de méchants garçons l'avaient blessé à coups de pierres. Le pauvre animal se montra reconnaissant des soins qui lui furent prodigués et ne nous quitta plus.

Ce n'était pas un chien de race ; jamais il n'aurait obtenu ses entrées dans une grande maison ; mais il était sans prétention et se contentait fort bien de n'être qu'un humble roquet au museau pointu, au pelage fauve et à la plus drôle de petite queue en trompette que j'aie jamais vue.

Cette petite queue exprimait tous les désirs de Fidèle, toutes les réflexions qui passaient par sa cervelle de chien. Une touffe de poils frisés la terminait et ce panache frétillait doucement pour marquer sa joie lorsqu'il recevait une caresse ou un bon morceau. Mais si une contrariété, un ennui, un chagrin, — les chiens même n'en sont pas exempts, — venait traverser son existence paisible, le panache s'agitait d'une façon tragique, bien avant qu'il n'ait fait entendre sa petite voix de fausset.

Fidèle et moi nous étions bons amis, cela va sans dire. Ensemble nous gambadions aux beaux jours de printemps ; ensemble, nous nous roulions dans la neige quand venait l'hiver. Toutefois ce beau chien, considéré comme un modèle, n'était pas sans défaut : il était jaloux, mais jaloux à l'excès des caresses dont je comblais parfois la câline Mitouflette.

La pauvre chatte était cependant d'humeur accommodante. Elle devenait très humble quand arrivait Fidèle et n'avait point le mauvais goût de hérisser ses longs poils en faisant le gros dos, comme il arrive parfois aux chattes mal élevées.

J'allais à l'école du village.

Pour ne pas compromettre la vérité, j'avoue que je n'étais ni meilleur, ni plus mauvais que beaucoup d'autres. J'avoue aussi, puisque j'entame le chapitre des confessions, que je préférais le jeu au tableau noir où s'alignaient les savantes démonstrations du bon M. Franck. Maintes fois, j'avais pris en commençant la ferme résolution d'écouter jusqu'au bout et, le menton appuyé sur mes deux mains jointes, j'affermissais mon courage, en me regardant, sans trop de modestie, comme une sorte de héros.

Tout allait bien pendant quelques minutes.

J'étouffais avec énergie les bâillements qui voulaient se produire au grand jour ; mais ces malheureuses jambes me jouaient des tours de leur façon. A la plante des pieds se produisait un engourdissement étrange ; ça montait, montait... Faites donc entrer un problème dans une tête récalcitrante quand des milliers de petites fourmis ont juré de vous pousser à bout ? Aussi neuf fois sur dix, tout occupé de résister à leurs envahissements, ne pouvais-je retenir un traître mot de ces choses si savantes. M. Franck en était au désespoir ; mais qu'y faire ?

La classe terminée, les fourmis prenaient des ailes et s'envolaient au loin ; je gambadais alors avec délices et courais attraper bon nombre d'accrocs aux buissons d'épines, ou dénichant des oiseaux ou en cueillant mûres et noisettes. Les plus grands désastres arrivaient surtout à la suite des batailles à coups de poing. Ces batailles, sévèrement proscrites, néanmoins très fréquentes, se livraient dans un petit champ inculte, entouré de grands arbres, formant un rideau de verdure, qui mettait les combattants à l'abri des regards maternels.

Là se dirigeaient, au sortir de l'école, ceux qui avaient résolu de vider leurs querelles particulières. Les témoins faisaient cercle et veillaient à ce que tout se passât dans les règles. Les règles, il faut le dire, n'étaient point sévères. Vainqueur et vaincu rapportaient au logis des preuves visibles de leur vaillance, mais on était rangé parmi les braves. Était-ce trop risquer pour conquérir semblable réputation ?

Les parents et notre digne maître n'en jugeaient pas ainsi. Les punitions tombaient comme grêle sur les coupables. Enfermés dans le grand cabinet noir de l'école, munis de pain et d'eau, ni plus ni moins que les prisonniers, ils avaient le loisir de réfléchir à l'aise sur la vanité des victoires de ce monde.

Eh bien ! croiriez-vous ? on recommençait toujours.

En hiver, armés de pelotes de neige, on soutenait des sièges en se retranchant derrière des forteresses, hautes comme de petites maisons. L'ennemi montait à l'assaut, nous l'attendions de pied ferme et, à grand renfort de projectiles, nous le forcions à prendre la fuite.

L'ennemi, c'était l'Allemand, ou l'Anglais, ou le Russe ; tout ce qui ne portait pas le nom de Français.

Désigné par le sort, il fallait bien accepter ce rôle déplaisant, car l'ennemi était toujours vaincu. Fatalement il devait l'être ; il en était persuadé, et les luttes se terminaient toujours par le triomphe de la France.

Pourtant nous ne nous battions pas toujours.

Hanz et Joseph, les deux fils du menuisier, possédaient un traîneau fabriqué par leur père. A son tour, chacun montait dans le bienheureux char, poussé par des mains vigoureuses, et glissant comme l'oiseau rapide lorsqu'il s'envole à travers l'espace.

Quels agréables souvenirs m'ont laissés ces parties joyeuses organisées pendant l'hiver !

Me suis-je roulé sur la neige ! puis, relevé en riant ; je me secouais comme un barbet sortant de la rivière, et enfin, les doigts engourdis, le nez rougi par le froid, je rentrais avec bonheur à la maison pour me réchauffer au grand poêle, autour duquel jouaient les petites sœurs.

Je trouvais la table préparée.

Ma mère, assise près de la fenêtre, plongeant son regard dans la demi-obscurité du crépuscule, essayait d'apercevoir le père revenant du travail.

Le voici ! elle a reconnu sa démarche, il est là-bas, au détour du chemin.

Vite ! il faut servir la choucroute fumante couronnée de saucisson appétissant, puis remplir la lourde cruche bleue d'une bière brune et pétillante, dont la belle mousse donne aux moins gourmands la tentation d'y tremper les lèvres.

La porte s'ouvre.

« Bonjour à tous, » dit joyeusement le père.

L'aïeule relève la tête et sa bouche souriante souhaite la bienvenue au fils chéri.

Lui, baise les cheveux blancs de sa mère, échange avec sa femme un regard d'affection, et c'est enfin notre tour.

Je m'assieds sur un de ses genoux, les mignonnes sur l'autre.

Gredel pousse de petits cris d'oiseau, et Kate, de ses jolis doigts roses, tire un peu la grande barbe de papa.

Il essaye de faire les gros yeux, ce qui ne les effraye pas du tout, et nous dépose près de la table. Tous font honneur au repas.

Le dimanche, nous allions, revêtus de nos plus beaux habits, à l'église du village.

Mon père portait le costume alsacien : culottes courtes, gilet rouge à boutons de cuivre, petit habit et chapeau ou bonnet de fourrure, selon la saison. Il donnait le bras à grand'mère et la conduisait avec précaution, dans les chemins couverts de neige.

Notre mère donnait la main aux fillettes.

Toutes trois, avec leur jupon éclatant, leur corsage lacé sur lequel s'étalait le fichu noir dont les deux extrémités retombaient gracieusement sur les épaules, me faisaient plaisir à voir.

Je gambadais le premier, me retournant à toute minute pour leur sourire, regardant les petites sœurs, et leur frais minois surmonté du grand nœud de ruban.

Dans mon imagination enfantine, je les comparais à des fleurs sur lesquelles viendraient se poser de gigantesques papillons.

Le dimanche était le jour du repos.

Après les offices, quelques voisins arrivaient à la maison.

En été, on causait sur le banc adossé à l'extérieur ; en hiver, près du feu, et en faisant honneur à la bière nationale ; jusqu'au soir la fumée des pipes remplissait la grande salle.

M. Franck, vêtu de sa longue capote brune, et rabattant par prudence un bonnet de soie noire sur ses frileuses oreilles, venait aussi de temps à autre se joindre à ce groupe d'amis.

Il ne fumait point, mais tirait de sa vaste poche une petite tabatière et soulignait chacun de ses discours par une longue prise, humée d'un air de satisfaction profonde ; puis, en homme soigneux, il secouait délicatement les grains égarés sur les revers de son bel habit des dimanches.

Au moment où s'ouvre mon récit, M. Franck venait d'entrer dans notre demeure. Ma mère offrait avec empressement un siège au visiteur inattendu, tout en paraissant un peu surprise de sa visite, car ce n'était pas jour de fête.

Le père arriva peu après, fredonnant une chanson guerrière qui avait bercé maintes fois notre sommeil d'enfant.

Les deux hommes se firent un signe d'intelligence et, sortant de la maison, allèrent s'asseoir sur le banc.

Comme il faisait chaud ce jour-là !

On était au mois de juillet. Notre houblon, dans toute sa splendeur s'étalait sur la blanche façade, la couvrant d'un frais tapis de verdure.

Je vois encore la figure des deux causeurs, se détachant sur le fond vert du feuillage.

Je les observais avec crainte : ils me semblaient préoccupés, inquiets, et comme ma conscience d'écolier n'était point exempte de reproches, je me rappelais de récentes peccadilles qui, à ce moment solennel, me paraissaient grosses comme des maisons.

Le jour même, mes leçons avaient été récitées d'une façon que le pauvre maître avait qualifiée de déplorable. Ensuite, interpellé directement, je n'avais pu répéter un seul mot de la démonstration inscrite au tableau noir. Toujours la faute des fourmis ! mais jamais, même pour me disculper, je n'aurais eu la hardiesse de parler de ces fourmis à M. Franck, bien que j'eusse été tenté parfois de lui demander un préservatif contre leur invasion.

Pour comble d'inquiétude, la veille encore une grande bataille s'était livrée dans notre champ clos. J'étais revenu au logis en dissimulant de mon mieux, aux yeux vigilants de ma mère, un formidable accroc survenu à mon pantalon.

Notre maître s'en était-il aperçu? Oui, bien sûr, il venait pour cette grave affaire ; aussi tout ému, mon cœur battant la charge, je me glissai près de la fenêtre entr'ouverte et prêtai une oreille avide à la conversation, aimant mieux connaître tout de suite mon sort.

Je fus frappé de l'air solennel de M. Franck.

« Eh bien, disait mon père, les Français seront vainqueurs sûrement. »

Il avait ajusté sur son nez ses grosses lunettes d'argent, déplié un journal, toussé trois fois, et, oubliant ou négligeant l'inévitable prise, il se mit à lire des choses que je ne comprenais guère.

La feuille imprimée parlait de la France, de l'Allemagne, de l'empereur et du roi de Prusse qui ne s'accordaient pas, de guerre probable; que sais-je enfin!

Décidément, il n'était pas question de moi, ni de l'accident causé par le combat.

« Eh bien, disait mon père, les Français seront vainqueurs, sûrement. On donnera, par ma foi, une bonne leçon à ce Guillaume et à ces Prussiens du diable!

— Voilà, voilà! répondait le maître en hochant la tête, ils sont tous les mêmes. Mon pauvre Müller, vous parlez comme les autres. Qui vous répond de la victoire? Vous ne connaissez pas ces Allemands; non, vous dis-je, vous ne les connaissez pas! Le roi ne s'aventure point à la légère, et, si les Français possèdent le courage, la bravoure, ces gens ont pour eux le nombre et la force. Enfin! espérons que nous n'en sommes pas encore là; mais j'ai peur et je tremble, comme agité d'un funeste pressentiment. »

Le vieux maître partit pour revenir le lendemain. Mon père savait déjà la nouvelle. « La guerre est déclarée, » avait-il dit en rentrant à la maison.

II

ADIEU LES BEAUX JOURS

Grand'mère et maman joignirent les mains en entendant cette parole.

Les petites sœurs continuant à rire et à jouer, on leur imposa silence, et moi, assis dans un coin, je réfléchissais profondément à la grande nouvelle.

La guerre! ce mot ne me paraissait pas si effrayant. Je ne comprenais point la tristesse du vieux maître, la préoccupation de mon père, la terreur des femmes!

La guerre! eh bien, on la ferait à ces Allemands! Puisqu'ils la voulaient, ils l'auraient, et les Français seraient vainqueurs, bien sûr. Ils l'étaient toujours dans nos combats; ne serait-ce pas la même chose dans de vraies batailles?

Je me rappelais les victoires du premier Empire, dont M. Franck nous parlait quelquefois, et je songeais à l'Empereur arrivant à Berlin, puis dictant des ordres à toute la Prusse.

J'espérais aussi voir beaucoup de soldats ; je les aimais et les recherchais toujours lorsqu'ils passaient au village. Je courais au-devant d'eux pour porter leur fusil ; cependant il pesait lourdement sur mes faibles épaules.

Quel dommage d'être si jeune, si petit encore ! de ne pouvoir m'engager pour aller me battre à loisir et sérieusement.

J'enviais le sort de nos voisins appelés sous les drapeaux.

Le fils de Kolbs, le charron, avait reçu sa feuille de route, ainsi que Frantz et le grand Joseph.

J'aurais donné beaucoup pour me faufiler à leur suite. Ne pouvant porter le fusil, je me serais enrôlé dans les tambours, j'aurais battu le rappel, la générale, etc.

Jamais je n'ai autant désiré grandir qu'à cette époque de ma vie. Tout peiné de n'être qu'un enfant, quand je me sentais un cœur d'homme, j'assistai tristement aux préparatifs du départ.

Kolbs ne disait rien. Il était aussi calme que si l'on fût venu lui demander la réparation d'un chariot brisé.

Frantz chantait à tue-tête. Mais le grand Joseph, qui allait se marier, frappait sur la table des coups de poing formidables et passait le revers de sa main sur ses yeux toujours rouges.

Ils partirent un soir.

Leurs mères pleuraient en les accompagnant jusqu'à l'extrémité du village, et les anciens hochaient la tête en murmurant :

« Reviendront-ils ? »

Je rentrai tout songeur à la maison, où j'aperçus grand'mère délaissant son tricot et roulant entre ses doigts les grains de son grand chapelet brun.

À chaque prière, je l'entendais ajouter en soupirant :

« Notre-Dame de Marienthal, priez pour nous ! »

Les routes étaient couvertes de soldats : je voulais les voir passer.

Car elle avait grande dévotion à Notre-Dame de Marienthal.

L'importante nouvelle absorbant tout le monde, on s'occupait beaucoup moins de ma conduite au logis, et je fis plusieurs fois l'école buissonnière.

Les routes étaient couvertes de soldats : je voulais les voir passer.

Ils semblaient joyeux et chantaient, comme Frantz.

« On voit bien qu'ils sont sûrs de vaincre ! » me disais-je tout bas.

Les gros canons arrivaient à leur suite et roulaient sur les chemins avec un bruit sourd.

Pauvres canons ! qu'êtes-vous devenus ?

Plusieurs jours après, père revenait triomphant au logis.

« Vainqueurs ! » disait-il. — Puis il raconta aux femmes attentives l'entrée des Français à Sarrebruck.

J'étais fier de cette victoire, bien qu'elle ne me surprît pas.

Sortant de la maison, où mon bonheur se trouvait à l'étroit, je courus tout d'un trait vers la campagne. Le soleil radieux donnait à toute chose un air de fête ; les oiseaux semblaient, par leurs gaies chansons, célébrer la gloire de la France, et je me promenai longtemps en écoutant leur ramage.

Enflammé d'ardeur, ne rêvant que conquêtes, j'aurais voulu trouver un ennemi à provoquer. Ah ! pourquoi n'étais-je point parti avec les autres ! Se battre, respirer l'odeur de la poudre, coucher ces Allemands dans la poussière, lever bien haut le glorieux drapeau de la patrie et même verser pour elle tout son sang, me paraissait une destinée mille fois enviable.

Hélas ! peu de jours, très peu, après ce combat, le père rentra encore du travail.

Il était tout pâle, et se parlait à lui-même :

« Ce n'est pas vrai, ce ne peut pas être vrai ! » murmurait-il en se frappant le front.

Une voix répondit tout près :

« C'est vrai ! » et, s'étant retourné presque furieux, il aperçut notre vieux maître.

« Ah ! mon pauvre ami, c'est malheureusement trop vrai, disait M. Frank avec les yeux pleins de larmes. Je l'avais prévu ! » Et se laissant tomber sur le banc devant la maison, ses pleurs coulèrent le long de ses joues ridées sans qu'il songeât à les retenir.

« Défaite glorieuse, continua-t-il, mais défaite ; et c'est assez pour décourager le soldat. Où allons-nous, mon Dieu ! et que deviendrons-nous ?

— Oui, que deviendrons-nous ? dit mon père d'un air sombre. On nous a congédiés aujourd'hui à la fabrique. Plus de besogne, plus de salaire. J'ai cru qu'ils prenaient ce prétexte afin de nous renvoyer tous, et je ne voulais pas y croire. Mais les Français auront leur revanche. Songez donc ! ils étaient huit mille seulement contre trente mille, cependant ils ont chèrement disputé la victoire et sont morts comme les braves savent mourir. N'est-ce pas, monsieur Frank, vous pensez, vous espérez comme moi !

— Müller, je ne saurais vous donner un espoir que je ne possède pas moi-même. Une défaite encore, et l'ennemi sera bientôt chez nous. Il se nourrira à nos dépens, s'installera dans nos maisons, mangera à notre table et boira notre meilleure bière. Oui, tout cela arrivera, si le Ciel ne nous protège.

— Si cela arrive, par malheur, je me ferai fusiller, car le premier Prussien qui voudra me parler en maître aura vu son dernier jour. S'il vient de nouveaux revers, je ne reste pas ici. »

La défaite de Reichshoffen suivit de près : ce fut une panique dans nos paisibles campagnes. Les paysans affolés se sauvaient en poussant devant eux troupeaux, bétail, et emportant à la hâte leur modeste avoir. Les mères fuyaient aussi, leurs enfants dans les bras.

Mon père, sombre et le visage crispé, avait saisi un vieux fusil qui lui venait de son aïeul. Il en faisait jouer les batteries, s'assurant par lui-même qu'elles fonctionnaient facilement, lorsqu'on vint frapper à notre porte.

Nous écartant du geste, il ouvrit et nous vîmes entrer un de nos parents habitant Strasbourg.

Il était envoyé vers nous par notre grand-oncle, le frère de grand'mère.

« Venez, nous faisait-il dire, venez tous vous réfugier près de moi. Nous partagerons nos ressources, en attendant, s'il plaît à Dieu, des jours meilleurs. Les Allemands ne pourront prendre notre grand Strasbourg; si leur multitude a écrasé nos soldats en pleine campagne, ils viendront briser leurs épées contre les murs qui renferment dans leur enceinte les restes de Kléber. »

Nous écoutions, muets, le messager de l'oncle Jean. Il serait triste, bien triste assurément, de quitter notre demeure, de la livrer sans défense à une invasion probable, mais ce serait plus pénible encore de subir nous-mêmes la loi du vainqueur.

A Strasbourg, nous nous trouverions hors de ses atteintes, et ma mère, redoutant peut-être que son mari ne se révoltât comme il l'avait dit, joignit ses pressantes instances à celles du cousin.

Pendant ce discours, j'observais avec anxiété le visage de mon père et je voyais un violent combat intérieur se livrer dans son âme :

« Reposez-vous un peu, dit-il enfin à l'envoyé; quand nous aurons pris notre repas, nous partirons tous ensemble. »

La grande décision était prise; inquiet et malheureux, je ne sais pourquoi, je me sentis encore plus triste lorsqu'elle fut prononcée.

Les deux mères s'étaient mises précipitamment à préparer les choses les plus indispensables à la famille : vêtements, linge, vinrent s'entasser sur la charrette arrêtée devant la porte, et je me sauvai dans ma petite chambre pour cacher mon chagrin. Il fallait donc fuir! abandonnant notre chaumière et tout ce que nous aimions! Quel changement en si peu de jours! Cependant le soleil brillait comme par le passé, les oiseaux chantaient toujours, le houblon mûrissait, la vieille horloge faisait entendre ce tic-tac régulier et monotone qui avait bercé mon enfance, et pourtant nous allions fuir!

Cachant mon visage dans mes deux mains, je sanglotai tout haut. Un gémissement doux et triste se fit entendre à ma porte. Fidèle la poussa avec impatience : elle céda, et le pauvre animal, semblant deviner mon chagrin, vint fixer sur moi son regard intelligent.

Je le pris dans mes bras; il y était encore lorsque mon père m'appela. Nous descendîmes ensemble, et se blottissant contre moi, il se fit petit et silencieux, comme s'il eût craint d'être remarqué par le maître.

Toute la famille était installée déjà dans la charrette. J'y grimpai à mon tour, mon chien se pelotonna sur mes genoux; puis la carriole s'éloigna sous les yeux de Milouflette, qui, installée sur le banc, nous regardait partir avec philosophie.

Sur la route nous rencontrâmes des soldats, tristes, couverts de poussière, dont l'uniforme, à peine reconnaissable, ne ressemblait aucunement à celui de ces brillants fantassins des premiers jours. Ils murmuraient tout haut, tombaient de lassitude, de faim, peut-être même de découragement.

Nous vîmes aussi des amis, des voisins, obéissant à la pensée que nous avons eue nous-mêmes, et venant chercher dans la capitale de l'Alsace un refuge supposé inviolable.

En tout autre temps, j'aurais été bien heureux de faire ce voyage en compagnie de mes parents; mais cet écolier si peu studieux, si batailleur, d'un caractère si léger, avait vu sa raison mûrir subitement.

Il lui semblait avoir vieilli de plusieurs années et les angoisses de la France trouvaient un écho douloureux dans cette âme de dix ans. Oui, il n'y avait pas trois semaines encore, je ne pensais qu'à jouer, à rire, et je considérais la vie comme étant donnée pour bien s'amuser. Aujourd'hui elle m'apparaissait sous une autre face et je commençais à me dire qu'elle est semée de bien tristes moments.

L'année précédente, mon père et moi étions venus joyeusement rendre visite au grand-oncle.

C'était la première fois que je voyais une grande ville et tout ce que j'aperçus me transporta d'admiration.

Longtemps je rêvai de cette fameuse horloge dont les merveilles avaient frappé mon imagination enfantine. Longtemps je pensai à la majestueuse cathédrale et à sa flèche de dentelle, dont Satan jaloux essaya, d'après la légende, d'empêcher l'achèvement.

Mais je la revois, cette belle cathédrale; le voyage est terminé; nous sommes entrés dans la ville. Grand'mère n'a cessé de prier, elle prie encore et se signe dévotement en apercevant la maison de Dieu. Les petites sœurs se sont endormies, la tête appuyée sur les genoux de notre mère. Mon père et le cousin causent à demi-voix, et je contemple au faîte des hautes cheminées plusieurs cigognes semblant tout occupées de leurs préparatifs de départ.

Je me suis toujours fait une haute idée de leur intelligence ; aussi me semble-t-il qu'elles comprennent ce qui se passe autour d'elles. Perchées sur leurs longues pattes, elles regardent mélancoliquement les Strasbourgeois s'agitant dans la ville.

Chères voyageuses! grâce à vos ailes vous avez pu fuir vers des contrées plus hospitalières, et nous, entourés peu d'heures après dans un cercle de fer, nous connûmes toutes les horreurs d'un siège.

Le grand-oncle nous reçut à bras ouverts; notre installation s'opéra promptement. Grand'mère occupa la plus belle chambre, mes parents et nous une grande pièce où nous étions tous à l'aise. Nous étions réunis, nous nous croyions en sûreté.

Ne s'imagine-t-on pas que le malheur est à demi vaincu quand, resserrant les liens de la famille, on se ligue pour le combattre ? Et puis, l'espoir est si tenace dans nos pauvres cœurs humains ! Lorsque tout vient leur crier : Vous êtes perdus! ils répondent toujours : Pas encore !

Du matin au soir, accoudé à la fenêtre, je contemplais au loin l'organisation de la défense.

Je prenais soin aussi des petites sœurs. Pour soulager notre mère, je m'occupais de leurs jeux, et Fidèle se mettait de la partie, toujours pour me complaire : car Fidèle ne m'avait pas quitté.

Lorsque mon père s'aperçut de la présence de Fidèle, il était bien tard; on ne pouvait plus le renvoyer, et d'ailleurs où le pauvre animal aurait-il trouvé un refuge ? Il regardait ses maîtres d'un air de si ardente supplication qu'il trouva grâce devant eux. Mon père dit plusieurs mots des bouches inutiles dans les villes assiégées, et moi, ne voulant pas que mon chien prît la part de personne, je prélevai sur mes repas quotidiens de quoi le nourrir suffisamment. Le soir, il s'étendait sur ma couchette : le jour, il gambadait autour de moi ; souvent je lui imposais silence : le bruit du canon ne se faisait-il pas déjà entendre ? Comme cette menace lugubre résonnait à nos oreilles ! Mais nous avions foi en nos remparts et en la bravoure de nos défenseurs.

Mon père ne put assister à cette lutte sans y prendre part. Étant au service, il avait fait la guerre, et la pensée qu'on se battait sous les murs de la ville le mettait hors de lui.

Il demanda, sans écouter les supplications de ma mère, à faire partie de la garnison, et, comme on acceptait tous les hommes de bonne volonté, il fut admis à porter les armes.

Ce nous fut un grand chagrin de le voir partir. Je ne pouvais comprendre qu'il ne m'emmenât pas. M'accrochant à ses habits, je l'avais supplié de me le permettre. Il sourit et m'embrassa avec émotion : « Non, dit-il, je suis le présent, mais toi, mon fils, tu es l'avenir. »

A peine nous avait-il quittés que les Allemands commencèrent à bombarder Strasbourg.

Celui qui n'a pas assisté à un semblable spectacle ne saurait se faire une idée de ces scènes de désolation.

Moi-même je puis à peine les décrire, et cependant je crois encore entendre le sifflement aigu des bombes arrivant sur les maisons, éclatant en tous sens, brûlant, détruisant tout sur leur passage.

Nous étions donc venus nous réfugier dans la gueule du lion ! Que peut le courage le plus ferme contre le fer et le feu ?

Ces Allemands s'étaient dit : Nous ne parviendrons pas à dompter les cœurs, ni à prendre d'assaut cette ville où chacun s'est fait soldat. La famine est un bon moyen, mais il serait trop long ; détruisons, c'est plus simple : et ces Vandales ne surent rien respecter.

Nous ne pûmes, bien entendu, rester dans le logement du grand-oncle, les bombes continuant leur œuvre dévastatrice, et un abri nous fut offert dans les caves de la maison. A la hâte, ma mère y transporta un peu de linge, les couchettes, ce qui était le plus nécessaire à l'existence et, ensevelis dans ce tombeau, nous nous demandâmes si jamais nous en sortirions.

Je passais tristement mes journées près d'un soupirail donnant sur la rue : car j'avais soif d'air, de lumière, et j'aurais tout donné pour être libre. Outre le bruit du canon, j'entendais constamment le sifflement lugubre des obus. Les cris déchirants des blessés, le craquement des maisons qui s'écroulaient, et surtout la réverbération des incendies portaient dans mon âme la terreur et l'effroi.

Un jour, un long cri de douleur, poussé par les malheureux habitants, s'échappa des poitrines haletantes. Une main impie avait osé viser notre cathédrale et l'avait atteinte par une bombe ! Les ennemis ne se contentaient pas de faire la guerre aux hommes ; ils ne respectaient plus la demeure de Dieu !

Non, ce n'était point l'aveugle hasard qui avait dirigé ce sinistre projectile ; d'autres le suivirent, et des trous béants se formèrent dans la flèche du majestueux édifice.

Les Strasbourgeois étaient atteints en plein cœur. Sans souci du danger, ils sortaient de leurs retraites pour contempler l'horrible profanation.

Des larmes de douleur obscurcissaient tous les yeux.

« S'ils continuent, disait-on, il n'y aura bientôt plus de cathédrale ! »

Plus de cathédrale de Strasbourg ! Ah ! c'était le renversement de tout ce qui est cher et sacré, c'était boire jusqu'à la lie la coupe d'amertume.

Mes deux mères pleuraient et priaient.

Les petites sœurs, languissantes comme des fleurs auxquelles on retire l'air et la lumière du soleil, reposaient sur l'oreiller leur gracieux visage pâli. Heureusement, elles pouvaient dormir encore : les autres ne connaissaient plus le sommeil !

III

POUR LA PATRIE

De temps en temps mon père accourait jusqu'à nous.

Son visage amaigri, noirci par la poudre, nous parlait des souffrances de toutes sortes qu'il endurait et des dangers auxquels il était exposé ; cependant il trouvait encore des paroles pour relever notre courage.

Le vieil oncle, sombre et morose, maudissait son grand âge qui l'empêchait de se joindre aux défenseurs de la ville, et parfois nous le voyions pleurer comme un enfant.

« Ah ! les brigands, les coquins, disait-il. Oser bombarder notre cathédrale ! »

À chaque détonation, il tressaillait, ressentant au cœur le contre-coup douloureux de celui qui allait frapper impitoyablement notre vieil édifice.

Un soir — il faisait presque nuit — j'étais assis près du soupirail de la cave. Je me sentais triste, sans en déterminer la cause, d'une tristesse que je n'avais jamais éprouvée.

De ma place, je voyais un coin du ciel, et les étoiles m'apparaissaient une à une dans l'obscurité croissante.

Tout à coup Fidèle, couché entre mes jambes, leva la tête d'un air inquiet et se mit à pousser des hurlements plaintifs.

J'essayai de le faire taire ; il ne m'écoutait pas, et des pas lourds, résonnant dans la rue déserte, attirèrent mon attention.

M'accrochant des deux mains aux barreaux de fer, je vis des soldats dont l'uniforme était marqué de la croix de Genève. Ils portaient un brancard sur lequel était couchée une forme rigide.

Regardant les maisons, ou plutôt les débris encore debout, je les vis, en frissonnant, s'arrêter devant mon soupirail. Ils disaient :

« Ce doit être ici. »

Je me mis à trembler comme une feuille agitée par un vent d'orage ; ma mère s'était levée en joignant les mains.

Comment avait-elle pu voir et entendre ce que j'avais vu et entendu ?

S'élançant soudain, elle gravit d'un bond les escaliers de la cave.

Je la suivis presque inconsciemment et j'arrivai comme les infirmiers soulevaient le corps reposant sur le brancard.

O Dieu ! c'était mon père !

Les yeux seuls semblaient vivre encore dans ce visage chéri. En nous reconnaissant, l'ombre d'un sourire se montra sur ses lèvres décolorées.

Ma mère était plus pâle que lui.

Sans un cri, sans une plainte, bien qu'une douleur sans nom se reflétât sur ses traits, elle avait saisi une des mains du blessé et la

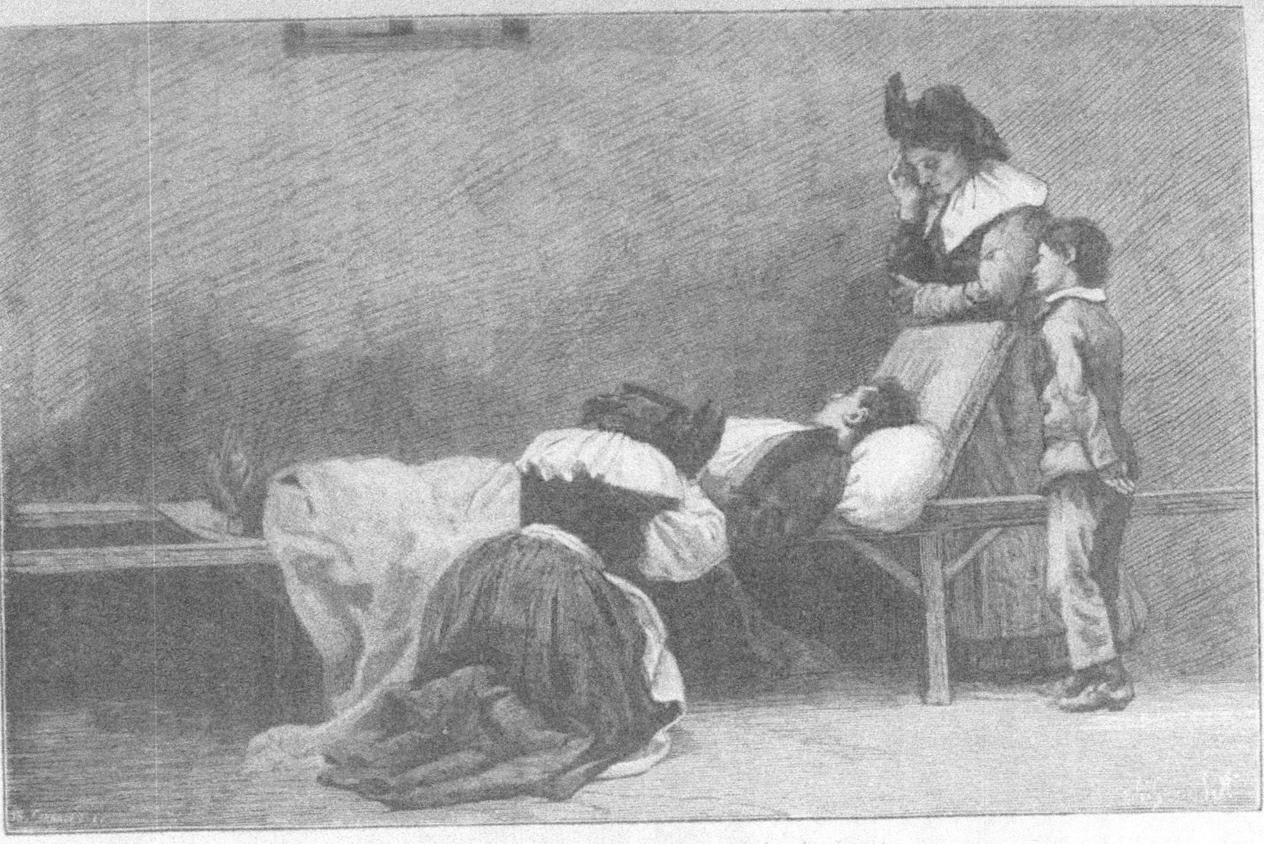

Elle avait saisi une main du blessé et la gardait dans les siennes.

gardait dans les siennes pendant qu'on se mettait en devoir de le descendre jusqu'à notre refuge.

Quel coup affreux pour les deux vieillards en voyant entrer le funèbre cortège ! Les grandes douleurs n'ont pas de larmes.

Nous étions livides comme des fantômes et le silence n'était troublé que par la respiration sifflante de mon père qui se mourait.

Il nous regardait, comme regardent ceux dont l'âme va partir pour toujours, nous faisant signe d'approcher plus près encore. Ma mère s'avança en restant à genoux et, prenant dans ses bras Kate et Gredel endormies, la famille se trouva groupée autour de son chef.

D'une voix faible, à peine perceptible, il disait : « Adieu !...

« Adieu mes bien-aimés !... J'ai voulu revenir vers vous pour mourir...

« Le chirurgien assurait que c'était folie ; mais je savais bien que j'arriverais.... Il me fallait vous revoir.... et Dieu m'a exaucé.

« Jean ! sois un homme, je te les confie... »

Et l'une de ses mains défaillantes se posait sur ma tête pour une bénédiction dernière, de l'autre, il me montrait les deux mères éperdues, puis les mignonnes qui venaient de s'éveiller et pleuraient sans comprendre.

Un pas précipité se fit entendre vers notre asile.

Un prêtre accourait près du mourant et lui apportait le courage et la résignation.

Pour moi-même, enfant, tout vint se transfigurer dans le sombre caveau, illuminé d'un rayon de la clarté céleste.

Nous ne vîmes plus la mort, froide et nue, dans son horreur implacable ; mais, en chrétiens, nous assistâmes au départ de l'âme croyante, qui, appuyée et soutenue par un ami divin, va doucement à la vie éternelle.

Nous priions tout bas, sans oser troubler le recueillement de mon père. Tout à coup il rouvrit les yeux, se souleva sur le coude, et un éclair de joie passa dans son regard :

« Vive la France ! dit-il ; puis il retomba lourdement. »

Nous restâmes ainsi toute la nuit, abîmés dans la douleur.

Le jour suivant nous retrouva encore pleurant près de la chère dépouille. Ma mère lui ferma les yeux et l'enveloppa dans son manteau de soldat.

Le lendemain on vint nous le prendre.

Nous suivîmes le cortège jusqu'au champ du repos, sans nous inquiéter des bombes qui sifflaient en passant au-dessus de nos têtes et venaient s'abattre tout près de nous.

Je marchais comme on marche en rêve, doutant de la réalité.

Elle était trop affreuse et me faisait l'effet d'un terrible cauchemar.

Ma pauvre tête d'enfant se perdait dans tous ces malheurs successifs.

IV

C'était la dernière recommandation de mon père; j'y pensais sans cesse et je sentais la nécessité d'être ferme, courageux, pour ceux qui m'entouraient.

Grand'mère et le vieil oncle s'affaiblissaient chaque jour.

Ma mère soignait l'un et l'autre, puis vaquait machinalement aux soins du ménage.

Son calme m'effrayait. Je préférais encore contempler la désolation des deux vieillards.

Le 27 septembre au soir, un apaisement soudain se fit dans la ville.

La grande voix du canon devint subitement muette et un silence, incompréhensible pour nous, enveloppa la cité.

Une clameur déchirante parvint à nos oreilles et, enhardi par le bruit des pas de nombreux groupes circulant dans les rues, je m'élançai au seuil de la maison.

Mes regards, suivant tous les regards, se portèrent au sommet de la cathédrale. Là, je vis le drapeau blanc placé à l'extrémité de la flèche.

La garnison demandait à capituler.

Tant de dévouement, d'héroïsme, était donc devenu inutile ?

Il fallait se rendre à la merci des Allemands ! les voir entrer dans notre ville et assister, muets, à cette déchirante profanation.

Je n'étais qu'un enfant ; cependant je serrais les poings en criant, presque sans en avoir conscience : « Cela ne se peut pas ! Cela ne sera pas ! »

Une main vint se poser doucement sur ma tête. M'étant retourné, j'aperçus un vieillard dont l'air respectable m'inspira confiance et, sans réfléchir, je me jetai en pleurant dans ses bras.

Sans paraître surpris ni offensé, il m'y retint quelques instants, et je sentis ses larmes tomber à gouttes pressées sur mon front brûlant.

« Cela arrivera cependant, mon pauvre petit, dit-il, à moins que Dieu ne juge l'expiation assez grande. C'est vers lui qu'il faut crier miséricorde. Il est juste, mais il est père, et tout père pardonne au fils repentant. »

Ma mère était venue me rejoindre, et ensemble nous jetions un regard désolé sur tout ce qui nous entourait : Rien d'intact. Çà et là des pans de murs encore debout ; puis des ruines fumantes, près desquelles gémissaient des habitants ressemblant à des spectres.

La douleur confondait les rangs.

On s'abordait sans se connaître, on s'étreignait les mains en oubliant les malheurs personnels pour ne songer qu'au malheur public : — la reddition de la ville.

Aucune amertume ne fut épargnée à la cité vaincue.

L'ennemi triomphant, vint souiller par sa présence notre Strasbourg en deuil, et la lourde botte du Prussien foula ce sol, arrosé du sang de nos défenseurs.

Les canons, arrachés aux remparts, partirent avec les aigles renversées, et le vainqueur put contempler à l'aise son œuvre de destruction.

Le grand-oncle ne put survivre à cette humiliation de la patrie. Un soir, il s'éteignit presque subitement, et désormais nous eûmes hâte de nous éloigner de ces lieux de malheur.

Nous partîmes à pied ; mais, à peine aux portes de la ville, nous ne pûmes aller plus loin.

Grand'mère s'était laissée tomber sur la route et ses pauvres jambes, affaiblies par le long séjour dans les caves, refusaient d'avancer.

Il faisait froid déjà : en Alsace le mois d'octobre est presque l'hiver.

Que serions-nous devenus si un voyageur compatissant ne nous eût offert place dans sa carriole ?

C'est ainsi, secourus par la charité, que nous refîmes cette route, parcourue peu de semaines auparavant.

Les ennemis campaient de tous côtés ; nous ne pouvions les regarder sans frémir et c'était encore le plus cruel déchirement de cette étape douloureuse.

Arrivés au village, ce fut bien pis encore : l'Allemand partout, dans les rues, dans les maisons et parlant en maître dans un pays ravagé.

A peine vîmes-nous quelques visages de connaissance.

Les uns s'étaient sauvés furtivement pour servir la patrie ; d'autres, comme nous, avaient couru s'enfermer dans Strasbourg ; d'autres encore étaient partis pour un monde meilleur : c'étaient assurément les plus heureux !

La maisonnette était debout. Oui, c'était bien elle ; mais comment pûmes-nous la reconnaître ?

La porte enfoncée, les carreaux brisés, les volets arrachés, les meubles souillés, témoignaient du passage des soldats.

Nous ne comptions plus les souffrances ; il fallut s'y établir quand même.

Ma mère et moi rangeâmes, tant bien que mal, les restes du mobilier. Avec de vieilles planches je barricadai les fenêtres ; les lits se garnirent de paille fraîche et, brisés de fatigue, nous nous y blottîmes comme de pauvres oiseaux blessés, venant d'un lointain voyage et retrouvant seulement les débris de ce qui fut leur nid printanier.

Le sommeil ne s'approcha pas de mes paupières, et mon esprit inquiet fit et défit mille projets, dans le but de venir en aide à ma famille.

Le lendemain, dès l'aube, je trouvai ma mère les yeux pleins de larmes et considérant notre maison dévastée.

« Mère chérie, lui dis-je en m'approchant d'elle pour lui donner le baiser matinal, ne pleure pas si fort. Je deviendrai grand et robuste comme mon père, je travaillerai comme lui, je te le promets, et nous ne serons plus malheureux. Tu verras ! je remettrai des volets à notre maison, le houblon sera replanté, et nous aurons encore de beaux jours.

— Pauvre petit ! dit-elle, souriant au travers de ses larmes ; et en attendant, que ferons-nous ? »

Oui, c'était vrai ; en attendant il fallait vivre.

La maisonnette était debout, la porte enfoncée...

« Eh bien, en attendant, le bon Dieu nous aidera; il m'inspirera ce que je dois faire : car tu sais, ma mère, je veux être un homme ! »

Elle releva la tête et une flamme traversa son regard.

« Oui, mon Jean, c'est son dernier vœu ! Le malheur mûrit rapidement ceux qu'il touche. Je sens que tu seras bientôt un soutien pour moi, mon fils ! »

V

TRISTE NOEL !

Grand'mère était devenue presque aveugle dans l'espace de peu de jours.

En voyant ses yeux éteints, son visage immobile, on se serait demandé si elle vivait encore ; mais un imperceptible mouvement des lèvres venait indiquer que l'âme captive habitait toujours son corps.

Nos pauvres voisins étaient aussi malheureux que nous. Chaque famille s'était vue plus ou moins atteinte ; alors, confondant leur misère, les plus pauvres s'entr'aidaient fraternellement.

Ce fut à la charité que nous dûmes le pain des premiers jours. Puis ma mère trouva un peu d'ouvrage ; très peu, hélas ! Ce faible gain nous suffisait à peine : il y avait tant de bouches à nourrir !

Notre plus grande torture était cependant toute morale.

L'ignorance, l'incertitude dans lesquelles nous vivions, sans connaître la suite des événements qui s'accomplissaient en France, nous devenaient plus pénibles à supporter que les privations et la misère. Nous ne voulions pas croire les récits des Prussiens, moins encore leurs journaux ; et l'hiver vint : un hiver rude, sombre, triste comme nos cœurs.

Notre bon vieux maître était mort ; nous n'allions plus en classe, et la neige avait beau couvrir la terre : nous ne pensions point à jouer.

Noël arriva !

Noël ! toujours si joyeusement célébré dans notre Alsace, se passa cette année dans les pleurs et les regrets.

L'an dernier, je m'étais dit comme toujours au lendemain de ce jour de joie : Quand donc reviendra-t-il ?

Il était revenu. Prosternés devant la crèche, nous pleurions amèrement au souvenir d'un tombeau.

Point de messe de nuit pour célébrer la naissance du divin Enfant. Toujours nous y avions assisté. Dès ma plus petite enfance j'avais vu l'église étincelante de lumières et respiré le parfum de l'encens ; j'avais entendu les chants d'amour qui faisaient retentir les voûtes en s'élançant vers le ciel. A l'exemple de mes parents, j'avais mêlé ma voix à la voix grave des chantres et balbutié, à leur suite, les naïves paroles des antiques noëls.

Que de fois déjà n'avais-je pas contemplé au loin, sur l'autel, un beau Jésus souriant, entouré de fleurs, et qui semblait m'appeler en me tendant les bras.

Au retour je m'endormais, la tête appuyée sur la robuste épaule de mon père, mais quel joyeux réveil m'attendait à la maison !

L'arbre, éblouissant du feu de mille bougies, montrait ses rameaux verts ployant sous les présents.

Quels cris de joie ! quelle reconnaissance !

Et la veillée se prolongeait jusqu'au jour. Amis, voisins, parents, se réunissaient à la table de famille, où leur était servi le gai réveillon.

Les mères en avaient parlé si longtemps !

Depuis de longs jours tout se préparait, grâce aux soins des habiles ménagères. L'oie rôtie arrivait : grosse, dodue, majestueuse, tout entourée de marrons appétissants, et accompagnée d'un imposant cortège de gâteaux, de fruits, de confitures.

Il y avait de quoi en rêver d'une année à l'autre !

Je songeais à tout cela bien tristement, la tête appuyée sur mes mains, près d'un gros poêle que j'alimentais moi-même pour réchauffer l'aïeule.

Un beau rayon de soleil se glissa jusqu'à nous.

Sois le bienvenu, bon soleil ! Viens-tu nous rapporter l'espoir et réchauffer nos cœurs engourdis par la souffrance ?

Ce rayon semble m'inviter à sortir un peu de la chaumière.

« Allons, mignonnes ! venez aussi, le soleil se montre : c'est Noël, et Jean vous conduira jusqu'à l'église. »

Elles ont poussé un cri de bonheur. Courir un peu au grand air ! elles ne savent plus ce que c'est, les pauvrettes !

« Mère, mettez-leur donc les habits de fête ; c'est Noël ! nous irons prier pour vous. — Pourquoi ces larmes ? pourquoi ces sanglots ? »

Ah ! je comprends, malheureux ! elles ne peuvent affronter la neige sans chaussures : les mignonnes n'ont plus de souliers ; les souliers coûtent cher, le père est mort, et la dernière pièce de monnaie a roulé ce matin sur le comptoir du boulanger.

VI

TU SERAS PRUSSIEN

Quelques semaines plus tard nos ennemis se livrèrent tout à coup à de grandes réjouissances. Ils tirèrent le canon en signe d'allégresse, et la population du village se demandait anxieusement la cause de cette joie subite. Je m'étais joint à plusieurs curieux. Machinalement nous les regardions, rassemblés sur la place de l'église, bien que leurs rires nous fissent mal. Comme ils semblaient heureux, ces ennemis ! Comme ils criaient : Hurrah ! d'une voix retentissante, et comme leurs chants de victoire rouvraient nos saignantes blessures et transperçaient nos âmes d'un glaive de douleur !

Un officier d'une taille gigantesque se retourna vers notre groupe, en disant d'un air de moquerie superbe : « Bonnes gens ! soyez tranquilles. La guerre est finie ! Leur Paris a capitulé. »

A ces paroles, mes yeux se voilèrent d'un nuage sanglant, mes oreilles bourdonnèrent, mon cœur battit comme s'il allait se rompre, et, sans réfléchir, m'élançant vers ce Prussien près duquel je figurais à peine un pauvre moucheron, je lui dis d'une voix vibrante :

« Tu mens ! Je te dis que tu mens !

— Bravo ! garçon ! » crièrent nos Alsaciens.

Mais l'officier était devenu rouge comme un homard.

Il saisit ma veste, m'enleva, ainsi qu'il l'aurait fait d'une plume, jusqu'au-dessus de sa tête, en faisant mine de vouloir me précipiter pour m'écraser sur le sol. Enfin, dédaignant sans doute un chétif adversaire, il me laissa retomber sur mes jambes, en disant d'un ton dédaigneux :

« Mon petit patriote, quand même tu ne le voudrais pas, tu seras Prussien et ton Alsace appartiendra à l'Allemagne.

— Jamais ! » criai-je en lui montrant le poing.

Hélas ! il a dit vrai ! L'aigle noir a fondu sur notre pauvre belle province et de ses serres cruelles a déchiré son cœur palpitant.

Mais l'âme lui a échappé. L'âme a des ailes, messieurs les vainqueurs ! elle ne se saisit point si facilement. Dans le délire du triomphe vous avez crié : « Vous êtes Prussiens, vive la Prusse ! »

Et nous, protestant avec l'énergie du désespoir, nous avons répondu : « Vous pouvez nous ôter la liberté, la vie même, mais l'amour de la France, jamais ! Nous sommes Français : vive la France ! »

La guerre terminée, ils parlèrent en vainqueurs.

L'or arriva à grands flots dans cette pauvre Allemagne, qui croyait s'être rendue maîtresse de tous les trésors des Niebelungen ; puis les prisonniers furent rendus à la patrie ! Nous les vîmes repasser, tout pâles encore des souffrances de l'exil, mais ayant déjà aux lèvres un sourire de bonheur, comme celui de l'enfant apercevant sa mère.

Pour nous, c'était fini, bien fini, et nous revêtîmes le deuil des orphelins. En vain, le gai printemps était revenu : nous ne lui accordâmes pas un regard. La nature en fête faisait un contraste cruel avec la douleur de nos âmes.

« Jamais ! » criai-je en lui montrant le poing...

Peu de jours après, j'appris que les ateliers dans lesquels avait travaillé mon père ne devaient plus se rouvrir. Mon dernier espoir s'envolait avec cette nouvelle et je me demandais avec plus d'angoisse encore : Que vais-je faire ? J'y songeais le matin en ouvrant les yeux; le soir, en gagnant ma couchette, cette pensée éloignait le sommeil et l'empêchait d'accourir, comme autrefois, clore aussitôt ma paupière.

J'écoutais d'une oreille attentive les discours de nos voisins qui se faisaient part de leurs projets d'avenir.

Tous avaient le même but : fuir la domination allemande; et pour cela les uns se rendaient en Amérique, la terre de l'or, disaient-ils. D'autres allaient habiter l'Algérie, cette autre France. Mais nous, nous ne pouvions partir. Grand'mère, toujours plus faible, ne quittait son fauteuil que pour aller s'asseoir sur le banc au soleil. Elle voulait mourir dans cette maison où son enfance, sa jeunesse, sa vie tout entière s'étaient écoulées.

Aurions-nous pu l'abandonner jamais?

VII

MAITRE FRITZ

Un dimanche — il m'en souvient comme si c'était hier — nous étions assis tristement, ma mère et moi, à l'entrée de notre jardinet. Kate et Grédel, pieds nus, les pauvres petites! se poursuivaient en riant et Fidèle se mêlait à leurs jeux. Il allait, venait, sautait joyeusement en aboyant d'une façon retentissante, le cher bon chien! et le panache de sa petite queue frétillante indiquait à lui tout seul combien il s'amusait.

Nous le suivions machinalement du regard lorsqu'une voix nous fit tressaillir. Nous levâmes la tête et aperçûmes un de nos compatriotes qui avait quitté le pays depuis bien longtemps. Il habitait Paris et passait, à tort ou à raison, pour y jouir d'une situation très prospère. Au village, où l'appelait, gros comme le bras, maître Fritz.

Ma mère, très polie avec tout le monde, répondit à son salut avec une raideur qui me frappa. Elle lui parlait avec une expression de visage froide et peu sympathique que je ne m'expliquai point.

« Salut, dame Marguerite ; bonjour les enfants, disait Fritz en s'approchant de nous. Comme ils grandissent, ces blondins ? Petit Jean surtout. Un beau gars, par ma foi ! Qu'allez-vous faire de cet enfant à présent que vous êtes veuve, dame Marguerite ? Il faudrait que le petit pût vous aider et gagner un peu d'argent. »

Ma mère répondait d'une façon évasive. Il était hors de doute qu'elle désirait clore au plus tôt l'entretien.

Mais Fritz, sans paraître le remarquer, se frappa le front comme si une idée surgissait tout à coup dans son cerveau.

« Ah ! mais j'y songe, dit-il, ne pourriez-vous me confier l'enfant ? Je l'emmènerais à Paris, où il travaillerait avec les cinq ou six gars qui sont sous mes ordres ! Si vous aperceviez ces jeunesses ! C'est gai, heureux, content, et ça gagne !... Voyez-vous, il n'y a qu'un Paris. Partout ailleurs on végète. Là, on n'a que la peine de se baisser et l'on ramasse de quoi vivre. J'aime à obliger le pauvre monde ; si le cœur vous en dit, je me chargerai du garçon à seule fin de vous être agréable. »

Mes yeux brillaient pendant ce discours. Libre, j'aurais dit : Oui, tout de suite ; mais je devinais instinctivement que cette proposition allait être repoussée.

La figure de ma mère avait rougi légèrement, puis était redevenue impassible.

« Merci, dit-elle froidement. Je ne suis pas décidée, quant à présent, à me séparer de mon fils.

— Vous serez bien forcée d'en venir là, répliqua Fritz ; comment nourrirez-vous tout ce monde à vous seule !

— Dieu m'aidera et m'inspirera ce que je dois faire ; j'en ai la ferme confiance.

« — Tant mieux, tant mieux ! dit Fritz d'un ton goguenard. Adieu donc ; si jamais vous changez d'avis, je suis toujours à votre service et je ne retire pas mes paroles.

« — Oh ! mère ! dis-je d'un ton gros de reproches lorsqu'il se fut éloigné, pourquoi n'avez-vous pas accepté? Ici, je ne puis rien faire et je vous suis à charge. Là-bas, vous l'avez entendu, un enfant tel que moi peut gagner sa vie, et je voudrais tant ne plus rien vous coûter ! »

Ma mère posa doucement sa main sur ma tête et plongeant ses yeux dans les miens : « Jean, tu es un bon fils, dit-elle, mais tu n'es qu'un enfant. Retiens bien ceci ; je n'ai pas voulu te confier à cet homme parce que je ne saurais avoir confiance en celui qui oublie son Dieu, et abandonne son pays au jour du malheur, ajouta-t-elle plus bas. »

J'avais grande confiance en ma mère et beaucoup de respect pour ses moindres paroles ; cependant ma déception était si grande, je me sentais si triste de ne pouvoir profiter de cette occasion unique de gagner ma vie, que je pleurai amèrement en regagnant ma chambrette, sur cet espoir entrevu, puis évanoui aussitôt.

Il se représenta bien des fois à ma pensée et mes rêves mêmes en furent obsédés.

Un jour, n'y tenant plus, je pris mon courage à deux mains, et demandai à ma mère si elle ne connaissait personne à qui elle pût me confier, dans ce grand Paris !

« T'éloigner de moi, Jean, pour te jeter seul vers l'inconnu ? Jamais ! »

Je n'osai plus revenir sur ce sujet.

Les Allemands étaient venus s'établir dans notre village à demi dépeuplé. L'un d'eux, riche cultivateur, avait besoin d'un jeune garçon de mon âge.

Un jour, il vint trouver ma mère dans l'intention de m'engager à cet effet.

Froide et digne, le recevant au seuil de sa demeure, elle répondit à ses premières paroles par un refus formel.

Cette fois, je la remerciai de ne pas l'avoir permis.

De cette façon, je restai au logis, songeant parfois à l'hiver qui arrivait, l'hiver plein de menaces pour le pauvre ! Pour raffermir mon courage, je me répétais ces paroles entendues au sermon du dimanche : « Pourquoi tant se préoccuper de l'avenir ? Travaillez avec courage, sans vous inquiéter outre mesure en disant : Que deviendrai-je demain ? Notre Père céleste qui prend soin des petits oiseaux dans les champs, et qui donne au lis de la vallée cette parure surpassant en magnificence la pourpre des rois, ne laissera pas sans secours la créature formée à son image. »

Peu de temps après, un nouvel événement vint changer les décisions de ma mère.

VIII

LE DÉPART

Un matin, grand'mère ne quitta point son lit à l'heure habituelle. Ses jambes engourdies ne pouvaient la soutenir; ses bras mêmes lui refusaient tout service.

Ma mère frictionna longtemps les pauvres membres à demi morts afin d'y ramener un peu de chaleur. Puis des voisines charitables accoururent visiter la malade; chacune dit son mot, on essaya de bien des remèdes; aucun n'amena d'amélioration. Le médecin vint à son tour. Gravement il hocha la tête en disant :

C'est une paralysie; il n'y a pas de guérison possible.

La vieillesse, le chagrin, avaient occasionné cette maladie aggravée encore par suite du séjour prolongé que nous avions fait dans les caves à Strasbourg.

La pauvre aïeule fut soignée avec amour et dévouement.

Ma mère n'épargna point ses peines, son temps et ses forces ;

mais, tout entière à son filial devoir, la malheureuse famille devint plus pauvre encore.

Une nuit, je me réveillai en sursaut et tout baigné de sueur. Un cauchemar horrible m'avait longtemps torturé : je rêvais que nous étions revenus à Strasbourg et, tout en revoyant le refuge où s'étaient passées tant d'interminables semaines, j'entendais au loin la voix plaintive de mon père réclamant du secours. Enchaîné par une force invisible, je ne pouvais m'élancer vers lui et cette secrète angoisse m'arracha au sommeil.

Palpitant encore, j'ouvrais les yeux bien grands pour me convaincre que j'avais été le jouet d'un songe, lorsque j'aperçus, se glissant entre les fentes de la porte, une clarté qui m'effraya.

Craignant le feu, car cette lumière me paraissait au moins étrange, je me levai de ma couchette et pénétrai brusquement dans la pièce voisine.

Étonné, interdit, j'aperçus ma mère assise près de la table et travaillant encore à des ouvrages de couture.

Je compris tout et, entourant son cou de mes deux bras tremblants, je murmurai à son oreille :

« Oh ! mère, pourquoi n'êtes-vous pas couchée encore ? Votre visage est tout pâle, vos yeux fatigués par l'insomnie, et cependant vous travaillez toujours. Je ne veux pas, non, je ne veux pas vous voir tomber malade ; mon père, vous le savez, vous a confiée à moi. Que ferions-nous sans vous ! Laissez-moi plutôt partir, mère ; quelque chose me dit : Tu réussiras, tu parviendras à aider ta famille...

— Pas un mot de plus ce soir, Jean, interrompit-elle tout émue. Regagne ton lit ; demain tu auras ma réponse. »

Je me retirai dans ma chambrette, où la crainte, l'émotion, l'espoir, me tinrent éveillé jusqu'au jour.

Ma mère ne dormit pas non plus. Sa figure portait encore de récentes traces de larmes quand je vins lui souhaiter le bonjour.

Elle me retint près d'elle, me fit asseoir sur ses genoux comme je le faisais quand j'étais tout petit enfant. — Je me suis rappelée, me dit-elle, une vieille amie de ta grand'mère qui, depuis longtemps, habite Paris. Je vais lui écrire dès ce soir. Si elle consent à te recevoir chez elle, je te laisserai partir, bien que cette séparation me coûte beaucoup. Ah ! mon pauvre enfant, que deviendrai-je si tu t'en vas? je resterai bien seule, bien triste et bien inquiète en songeant à toi ; car tu es mon soutien, ma consolation…

Je la rassurai de mon mieux et couvris son visage de baisers.

J'entrevoyais ce projet au travers du prisme enchanteur de ma jeunesse, et je ne comprenais pas comment ma mère pouvait craindre ce Paris, dépeint par Fritz avec de si séduisantes couleurs.

La réponse ne se fit pas attendre.

Notre compatriote, la mère Litz, consentait volontiers à m'admettre chez elle et promettait de me traiter comme son enfant, en souvenir de sa chère Jacqueline.

Veuve, à la tête d'une petite crémerie où je trouverais à m'occuper, elle se réjouissait franchement d'avoir bientôt un aide ; car elle était âgée et parfois souffrante. La bonne femme disait encore, pour calmer peut-être les appréhensions de ma famille, qu'un garçon intelligent, honnête, pouvait se tirer d'affaire à Paris.

C'était donc bien vrai ! Je triomphais ! Quelle joie de pouvoir bientôt poser les pieds sur ce chemin tant désiré, qui devait me conduire à la fortune ! Ah ! je saurais bien atteindre cette capricieuse déesse ; je m'accrocherais à son char, en lui criant : C'est pour ma mère ! Fût-elle doublement aveugle, elle laisserait sûrement tomber à ces paroles sur le pauvre orphelin une poignée de cet or qu'elle prodigue à tant d'autres !

Cependant, par une bizarrerie qu'on trouvera sans doute inexplicable, une fois mon départ décidé, j'aurais voulu pouvoir le retarder indéfiniment. Je pensais, pour la première fois, que j'allais être éloigné de tous les miens et jeté seul dans cette ville immense, bien plus grande que notre Strasbourg. A la veille de quitter ma mère, elle me devenait plus chère mille fois. Je regardais ses larmes tomber une à une sur ses joues amaigries, pendant qu'elle raccommodait mes pauvres vêtements et me préparait un modeste trousseau.

Ah ! si une fée bienfaisante était venue, d'un coup de sa baguette magique, nous rapporter l'aisance et le repos, comme j'aurais crié dans ma joie ; Mère, sèche tes pleurs ; je reste, je reste ! — Aucune bonne fée ne vint nous rendre visite. Tout était prêt et il nous fallut dire : Demain !

Demain ! une nuit encore à passer dans cette maison dont chaque pierre me rappelle un souvenir d'enfance. Je ne pus m'endormir cette dernière nuit qu'après avoir épuisé toutes mes larmes.

Dès l'aurore, j'étais debout près de ma petite fenêtre, regardant le soleil qui rougissait lentement l'horizon. Le village, la campagne, les bois semblaient se baigner dans un océan de lumière ; les oiseaux gazouillaient joyeusement pour fêter le retour de l'aurore, et moi j'allais partir !

Je contemplais ce paysage familier que je n'avais jamais songé à regarder comme je le faisais en ce jour. Je voulais en graver les moindres détails dans ma mémoire, lorsque ma mère entra dans ma chambre.

Elle m'étreignit dans ses bras et, tous deux agenouillés, nos cœurs s'unirent en priant Dieu.

Elle m'étreignit dans ses bras.

« Ramenez-le-moi, Seigneur, disait-elle d'une voix tremblante. Ceux que vous protégez sont bien gardés ! Faites qu'il n'ait jamais à rougir sous mon regard et puisse-t-il se souvenir toujours de la mort chrétienne de son père ! »

Grand'mère ne sut point que j'allais la quitter.

Elle n'avait plus conscience des choses d'ici-bas et ses yeux, fermés à la lumière du monde, semblaient entrevoir les mystères de cette autre vie dans laquelle elle était prête à entrer.

Kate et Gredel, ne comprenant rien à nos larmes, essayaient de me consoler. Les chéries me prenaient les mains pour m'entraîner à partager leurs jeux. Je leur rendais leurs caresses, mais en secouant tristement la tête et en murmurant tout bas : « Pauvres petites sœurs, il est dur de vous laisser. Jean sera bien loin demain ! »

Il y avait une longue course de notre village à la station voisine. Ma mère voulait m'accompagner jusqu'à la gare : je m'y opposai, en alléguant les soins à donner à l'aïeule et aux petites sœurs, mais en réalité parce que je sentais faiblir mon courage.

Peut-être comprit-elle ma pensée secrète ; mais elle céda et, sans nous parler, nous mîmes, dans un dernier regard, tout ce que contenaient nos âmes. M'arrachant à une suprême étreinte, je me mis à courir sans vouloir me retourner.

Une voix lointaine retentit encore à mon oreille. Elle disait : « Jean, souviens-toi ! »

Puis rien, plus rien : j'étais seul sur le grand chemin de la vie.

Soudain, un aboiement joyeux me fit lever les yeux.

Fidèle me suivait. Pauvre Fidèle ! je l'avais oublié dans mes adieux.

« Mon bon chien, dis-je, le compagnon des mauvais jours, viens recevoir une dernière caresse ; puis retourne au logis.

« Retourne, je le veux ! Ne sais-tu pas que je suis trop pauvre pour t'emmener avec moi ? »

Il gémit et me suit à distance. C'est encore une séparation et j'ai hâte de m'y soustraire ; mon cœur est si malade.

Je cours et j'arrive bientôt à la gare. Le train est là, prêt à partir.

Vite, me précipitant au guichet, je paye ma place ; — ma mère s'en est procuré l'argent en vendant sa croix d'or. — Machinalement je monte dans un wagon, mon humble bagage est placé à côté de moi, et, me couvrant le visage de mes deux mains, je ne veux plus rien voir.

J'entends comme en rêve le va-et-vient des voyageurs, qui se hâtent, se poussent, se casent de leur mieux.

La locomotive gémit sourdement, nous allons partir.

Que m'arrive-t-il ? Une violente secousse me fait ouvrir les yeux.

Quoi ? c'est Fidèle ? Fidèle qui m'a suivi et vient de s'élancer sur mes genoux, sans souci du règlement.

Le pauvre animal est si heureux de me revoir ! Il lèche ma figure, mes mains ; et moi, sanglotant tout haut, je n'ai pas la force de le repousser.

Les voyageurs semblent émus et, se rendant complices de mon humble ami, ils ne songent point à se plaindre de sa présence, encore moins à la dénoncer.

L'un d'eux ferme la portière ; l'employé passe sans rien voir, un sifflet aigu déchire nos oreilles : nous sommes partis.

Mon bon chien me regarde d'un air de triomphe et lit dans mes yeux le pardon accordé à ce hardi coup de tête. Puis, il se fait tout petit et vient se blottir sous mon manteau.

Je me sens moins seul, je le serre sur ma poitrine ; il me semble

« Retourne, je le veux. »

emporter avec moi une parcelle de tout ce que je croyais abandonner.

C'est mon premier voyage en chemin de fer.

Tout étourdi de cette allure rapide par laquelle je me sens entraîné, je me laisse cependant distraire en regardant la campagne qui se déroule à mes regards : C'est comme un immense panorama dont les vues changent à chaque instant. D'abord, des montagnes, les immenses forêts de sapins à l'aspect imposant ; plus loin, voici une prairie où paissent de beaux troupeaux, et dont l'herbe fleurie est sillonnée par une rivière limpide qui se déroule capricieusement comme un long ruban argenté. Un peu plus loin, des bois d'un vert moins sombre que les sapinières offrent aux yeux la variété des teintes du feuillage. Tout à coup, la scène change. Je vois de hautes cheminées d'où s'échappe une fumée noire : Ce doit être une usine. Des ouvriers se rendent à leur besogne ; la flamme jaillit des hauts-fourneaux et l'on entend au loin le bruit assourdissant du lourd marteau retombant en cadence.

Là-bas, c'était la nature, le calme, la paix profonde. Ici, c'est la vie, le mouvement, le travail. Nous traversons de nombreux villages, de grandes villes qui doivent ressembler à Paris : Mon Dieu ! que le monde est grand !

Cette exclamation s'échappe involontairement de mes lèvres et fait sourire mes compagnons de voyage.

« Eh, oui ! le monde est grand ; songez à quelle distance je me trouve de ma mère et combien c'est triste d'être jeté seul si loin de ses bras ! »

Fidèle est de mon avis. Sa bonne tête intelligente sort timidement de son refuge et, cherchant une caresse, ses yeux me disent : Maître, je te reste, je suis toujours là !

La nuit vient et les roues infatigables de la puissante machine qui nous entraîne à sa suite tournent encore.

Je partage mon pain avec mon bon chien, et, la fatigue engourdissant mes membres produit une somnolence qui n'est ni la veille, ni le sommeil.

Il y a un an, à pareille époque, la vie sérieuse et pénible a commencé pour moi avec la déclaration de guerre. Cette année évanouie se représente à mes yeux demi-clos sous la forme d'un fantôme qui, du doigt, me montre l'avenir encore tout enveloppé de brouillards. Depuis un an, j'ai cruellement souffert, mais le temps passe vite !

IX

LA GRANDE VILLE

Le jour paraît à peine. Une brume légère étend son voile trans-
parent sur la campagne que nous traversons.

Nous suivons des quais immenses et apercevons de grands bâti-
ments aux murs grisâtres où sont accumulés, comme dans un lieu
de repos, locomotives et wagons.

L'allure rapide de notre machine se ralentit par degrés. Elle
souffle péniblement et s'arrête enfin après un gémissement prolongé. On ne crie pas comme aux autres stations ordinaires, mais
chacun s'agite, et j'entends un gros monsieur dire en s'étirant :
« Ah ! pas fâché d'être arrivé ! Nous sommes donc à Paris ? » A ce
mot magique, je me lève d'un bond et, de la main, je salue cette
terre promise où je vais pouvoir gagner ma vie.

Me glissant avec peine dans cette foule compacte qui envahit le
quai, je parviens à me frayer un passage. Je porte sur l'épaule
mon léger bagage. Fidèle me suit, et tous deux, maître et servi-

teur, étourdis encore du tumulte de l'arrivée, nous sortons de la gare.

Dans ma naïveté, je croyais tout bonnement qu'il me suffirait de m'adresser au premier passant venu pour être renseigné sur la demeure de mère Litz.

Bravement, j'abordai un homme coiffé d'une casquette ornée d'un galon d'argent, et, mon bonnet à la main :

« Pourriez-vous m'indiquer, dis-je poliment, où demeure la crémière des Batignolles ? »

L'inconnu s'arrête, rejette un peu en arrière la coiffure dont la visière abrite ses yeux, et m'examine curieusement comme si je lui eusse dit que j'arrivais de la lune.

Ce regard m'intimide ; pour me donner contenance, je tourne mon bonnet de laine dans mes doigts, et un grand éclat de rire, poussé par mon interlocuteur, achève de me faire perdre le peu d'assurance qui m'était restée.

« Ah ! mon bonhomme, me dit-il, tu viens de loin, ça se voit tout de suite ! Mais ce n'est pas ici comme dans ton village où tout le monde se connaît. Tu es assez éloigné des Batignolles. Prends ce chemin : il t'y conduira ; et, une fois arrivé, tu tâcheras de te rappeler la rue où demeure la crémière, puis aussi le nom de cette bonne femme ; sans quoi tu chercherais vainement toute une année. Au reste, prends l'omnibus : tu y seras plus vite. »

L'omnibus ! est-ce cette imposante voiture qui s'avance lourdement, traînée par deux robustes chevaux ?

Mais il faudrait de l'argent pour avoir le droit d'y prendre place. En aurais-je, que jamais je n'oserais faire un signe à ce conducteur si haut placé, et dont le grand fouet produit des clic-clac formidables.

J'avais de bonnes jambes, elles s'étaient reposées longtemps en wagon et ne demandaient qu'à se dégourdir, Fidèle n'est pas fatigué non plus : « Viens, Fidèle! bon courage ! nous touchons au but. Tiens, pauvre ami ! voici le dernier morceau de pain ; nous le partagerons ensemble. »

C'est en marchant que nous faisons le frugal repas. L'inconnu a dit : « C'est très loin » ; et, me hâtant, je vais droit devant moi. Je ne pouvais me faire une idée de l'immensité de Paris. En voyant les rues succéder aux rues, je me hasarde une seconde fois à demander mon chemin à une femme âgée qui me rappelle grand'mère.

« Les Batignolles, enfant? mais tu leur tournes le dos. »

Oh! Il faut revenir sur mes pas; je suis déjà fatigué et mon estomac réclame autre chose que le morceau de pain dont je l'ai gratifié il y a déjà longtemps.

Fidèle trottine à mes côtés, la tête basse, sa petite queue entre les jambes; ce qui est chez lui un signe de grande lassitude et de non moins grande perplexité.

Près de nous passent des gens affairés qui me coudoient sans me voir; puis d'innombrables voitures se croisent en tous sens avec un bruit assourdissant de roues, de coups de fouet, de cris poussés par les cochers, et, perdu dans ce tumulte, je me laisse tomber de découragement sur un banc du boulevard, pendant qu'à mes yeux arrivent de grosses larmes. Je me sens si petit, si faible, si triste ! La conscience de mon isolement envahit si complètement tout mon être, que je cache ma tête dans mes mains en disant à haute voix avec une angoisse contenue : « Oh ! maman, maman ! »

Ma voix vibre encore; cependant une main s'est posée sur les miennes; elle les écarte doucement et j'aperçois un prêtre à cheveux blancs dont le regard plein de bonté sollicite ma confiance.

Mes larmes se sèchent; je réponds à ses questions et j'entends ces paroles :

« Viens avec moi, enfant; nous touchons aux Batignolles, et moi-même je te conduirai à la porte de mère Litz. C'est une brave femme que je connais de longue date; tu seras en bonnes mains et j'espère que tu viendras me voir, mon cher petit Alsacien. Tous les dimanches tu trouveras, réunis à la paroisse, un grand nombre de tes compatriotes. Comme eux, tu resteras pieux et bon, pour que le Seigneur te protège. Vois, nous sommes arrivés ! »

J'aperçois une toute petite boutique dont la devanture est peinte d'une belle couleur vert pomme.

Au travers des étroites glaces apparaissent maintes choses appétissantes, propres à tenter les acheteurs : de beaux fromages tout blancs, des fruits précoces, des légumes artistement superposés : le tout surmonté d'une enseigne qui attire les regards.

De grandes lettres rouges se détachent sur le fond vert : on les apercevrait d'une lieue; elles tracent des arabesques capricieuses, et cependant je parviens à les déchiffrer, non sans peine :

A la Confiance !

A la Confiance ! c'est de bon augure; je m'applique ces mots à moi-même et je suis hardiment le bon prêtre qui a franchi l'étroite porte.

Le son d'une clochette fêlée a retenti.

« Mère Litz, dit la voix de mon protecteur, je vous amène un hôte.

— Qu'il soit le bienvenu ! »

Et presque aussitôt, sortant des profondeurs d'une arrière-boutique très obscure, une vieille bonne femme arrive en me tendant les bras.

J'ai tout remarqué d'un coup d'œil : le visage ridé, encadré de bandeaux blancs surmontés du grand nœud alsacien.

Et je lui saute au cou.

Ceci parle plus à mon cœur que n'auraient pu le faire les plus éloquents discours : retrouver une compatriote, c'est presque revoir son pays ; et je lui saute au cou, trop ému pour prononcer une parole.

La pauvre femme pleure également.

« Allons, Jean, dit-elle, mon cher Jean, que j'ai vu si petit, et dont j'ai bercé le père dans mes bras, calme-toi donc ! Donne-moi des nouvelles de ta famille et du pays. Pauvre, pauvre pays ! Je n'irai plus sans doute. Oh ! non, cela me ferait bien trop de peine de voir mon Alsace soumise à ces Allemands. Mon Dieu ! faut-il vivre jusqu'à ce jour pour assister à de semblables choses ! Mais, j'y pense, tu dois avoir faim ! Viens, cher petit ; je ne suis pas riche, mais tant que j'aurai un morceau de pain je le partagerai volontiers avec le petit-fils de Jacqueline. »

Pendant ce discours, Fidèle s'était tenu derrière moi ; mais en entendant mère Litz me proposer un repas, il eut peur d'être oublié et se mit à gémir doucement ; d'autant plus que, par la porte entr'ouverte, il nous arrivait un délicieux parfum de soupe aux choux qui aurait tenté de moins affamés.

Je n'étais pas sans inquiétude sur le sort de mon cher compagnon. Avec quel visage serait reçu cet hôte inattendu ? Ma vieille amie paraissait très bonne ; mais, si on accueille volontiers un enfant, on ne se soucie pas toujours d'accepter du même coup un chien, fût-il le plus fidèle de tous les chiens.

Aussi, en l'entendant gémir, je me mis à trembler. Mère Litz l'aperçut. J'ouvris la bouche afin de demander grâce pour cet intrus, mais elle ne m'en laissa pas le temps. Sa main caressait l'animal et un bon sourire se montrait sur ses lèvres.

« Un chien ! dit-elle, tant mieux : est-il bon gardien ? il m'en faut un ; à condition, toutefois, qu'il fera bon ménage avec Minette. »

Je commençai un éloge pompeux des qualités de Fidèle, expliquant par quel concours de circonstances il m'avait suivi à Paris. Par respect pour la vérité, je n'osais cependant protester de son amour pour les chats et je frémis un peu en apercevant dans l'arrière-boutique une seconde Mitouflette, dont les yeux verts m'apparaissaient, dans la demi-obscurité, comme deux charbons ardents.

La chatte ne manifesta aucune émotion et ne bougea point de sa place. Fidèle, en fin diplomate, se conduisit décemment. La soupe aux choux fut, je le crois, un argument puissant en faveur de Minette. Comme récompense il en reçut sur l'heure une copieuse ration, à laquelle il ne se fit pas prier pour faire honneur.

X

Mon installation dans l'humble logis s'effectua rapidement.

Une étroite couchette, où je pris place le même soir, fut arrangée dans le fond de la petite pièce sombre contiguë à la boutique. L'unique fenêtre de cette chambre prenait jour sur une toute petite cour, environnée de hautes et noires murailles.

On n'y voyait pas clair en plein midi. A peine entrevoyait-on un coin du ciel, si petit et si haut, si haut, qu'on n'aurait pu dire exactement, en l'observant avec attention, si le temps était beau ou mauvais, et si l'on n'était pas au fond d'un puits.

Ce logis était bien triste pour un enfant habitué comme je l'étais à vivre en plein air, à la campagne, et à respirer l'air vif et pur des champs. Mais l'espérance me soutenait, et comme nous parlions sans cesse du pays, des absents, je supportais l'éloignement et cette vie nouvelle sans en trop souffrir.

Les pratiques de mère Litz étaient nombreuses. Pouvait-il en être autrement puisque les façons d'agir de la propriétaire justifiaient l'enseigne de sa boutique? Aussi, tous les matins, les cuisinières arrivaient à la file, et cependant ma vieille amie ne disait pas, comme beaucoup de ses voisines : « C'est tel prix pour vous, ma fille ; mais ce sera tant pour vos maîtres. »

Non ; elle se contentait d'un honnête bénéfice, aimant beaucoup mieux vivre petitement, presque péniblement, que d'avoir à se reprocher des gains illicites.

Je m'habituai rapidement à servir les acheteuses. Mère Litz put bientôt vaquer en paix aux soins de son modeste ménage ; car, au premier son de la clochette fêlée, j'accourais, alerte, souriant, empressé, cherchant à contenter tout le monde.

De cette façon, je gagnais par mes services mon entretien et ma nourriture.

Dès la première semaine, la présence d'un enfant donna naissance à des conversations interminables.

« Quel est-il? d'où vient-il? comment se nomme-t-il? »

Les commères du quartier ne laissèrent pas leur langue en repos qu'elles n'eussent appris mon histoire. Cent fois, j'en recommençai, pour leur plaire, une nouvelle édition ; et puis, c'étaient des exclamations sans fin. On parlait politique dans la boutique de la crémière! Les bonnes femmes s'attendrissaient au récit de mes malheurs ; on reparlait de la guerre, du siège de Paris où les habitants avaient tant souffert, et on maudissait l'Allemagne, qui avait volé à la France deux de ses plus belles provinces.

Je surpris plus d'une larme dans des yeux compatissants :

« Pauvre petit! cher Alsacien! si jeune et avoir subi déjà tant d'épreuves! »

La boutique ne désemplissait pas. Comme on finissait toujours par acheter quelque chose, ma vieille amie était loin de s'en plaindre.

Dès les premiers jours, j'écrivis à ma mère une longue lettre — un vrai journal — où je lui racontais mon voyage, mon embarras en arrivant à Paris, la réception que m'avait faite mère Litz, l'emploi de mes journées, et la description de la chambrette où je dormais en rêvant à la maison.

Ne fallait-il pas que, de la demeure paternelle, son esprit pût me suivre partout? Je comprenais que du matin au soir elle pensait à moi et priait pour moi.

Dans ce récit, je n'eus garde d'oublier de chanter les louanges de Fidèle, ce bon chien! qui m'avait suivi envers et contre tous, devinant sans doute que le petit Jean aurait besoin de lui un jour. Le brave serviteur était promu à la dignité de gardien. Ce n'était pas un mince honneur, car mère Litz n'accordait son estime qu'à bon escient. Aussi Fidèle, pénétré du sentiment de cette mission de confiance, se montrait à la hauteur de son rôle et, en bon prince, faisait maintes concessions à l'humeur capricieuse de Minette, la chatte grise.

La réponse ne se fit guère attendre.

« Une lettre du pays! » dit un matin ma protectrice en me remettant la chère missive.

Mes yeux se remplirent de larmes en contemplant le bienheureux papier. Je le baisai mille fois, la main de ma mère l'avait touché; et, avec son cœur, elle avait écrit ces lignes envoyées au fils absent.

Mille fois aussi je relus les conseils, les recommandations qu'elles contenaient. Grand'mère — la pauvre aïeule! — était toujours dans le même état de santé. Les mignonnes demandaient sans cesse quand Jean, le grand frère, reviendrait, car la maison semblait vide depuis son départ; ma mère me recommandait de prier Dieu chaque jour pour qu'il daignât m'y ramener bientôt. Elle me félicitait vivement d'avoir rencontré dans le bon prêtre une personne qui s'intéressait aux Alsaciens, me disant qu'entouré de compatriotes, le souvenir du pays me serait plus présent et je me sentirais moins éloigné d'elle.

J'avais réfléchi longuement aux moyens de gagner un peu d'argent. Mère Lilz me conseilla ceci :

Un beau jour, j'annonçai aux acheteuses que Jean l'Alsacien consacrerait à l'avenir tous ses après-midi à faire les commissions qu'on voudrait bien lui confier.

Cette nouvelle fut connue rapidement, tout comme si la Renommée, embouchant sa trompette, l'eût publiée aux quatre coins de Paris.

Tous les petits commerçants du quartier s'adressèrent à moi et j'eus bientôt plus de demandes que je ne pus en satisfaire.

Vous parlerai-je de mon premier salaire? Je m'en souviendrai toujours.

J'avais à faire une course pour l'épicier voisin, le père Boniface.

Très actif malgré son grand âge, s'étant toujours fait une loi du travail, il n'admettait pas de négligence dans son entourage. Je le savais; aussi, plus empressé encore que de coutume, j'y apportai tout le zèle et toute la rapidité possibles.

Il sembla surpris de mon prompt retour. Je le vois encore, ce bon vieillard, assis dans son arrière-boutique devant une petite table où il faisait ses comptes.

« Bien, garçon, » dit-il, en m'examinant par-dessous ses lunettes.

Il plaça sa plume derrière son oreille droite, ouvrit un tiroir et en tira quelque menue monnaie qu'il glissa dans ma main.

Il ouvrit un tiroir et en tira quelque menue monnaie.

J'eus un éblouissement, et de bon cœur j'aurais embrassé le vieux négociant ; car, dans sa générosité, il m'avait fait cadeau de cinq beaux sous tout neufs, tout brillants, et qui étincelaient comme de vraies pièces d'or.

Le premier argent honnêtement gagné est doux à recevoir !

Triomphalement, je les rapportai au logis et les regardai long-temps avec une joie d'avare. Je les caressais de la main ; je les agitais pour entendre leur joyeux cliquetis ; je leur parlais comme s'ils eussent pu me comprendre, leur disant mille tendresses et les assurant qu'ils étaient les plus beaux sous de toute la terre et que j'étais fier, bien fier, de les avoir gagnés pour ma mère !

Ces beaux sous furent enfermés dans le coin d'un mouchoir, auquel je fis un triple nœud ; puis, les plaçant sous l'oreiller de ma couchette, je dormis en songeant que j'avais enfin posé le pied sur le chemin de la fortune. Quels rêves dorés vinrent bercer mon sommeil, grâce à ces cinq sous, mon unique trésor !

Ce fut le commencement de ma petite bourse.

J'avais formé un projet ambitieux. Pour envoyer mes économies à ma famille, je voulais réaliser l'énorme somme de vingt francs et il me fallut six semaines avant d'atteindre ce chiffre.

Quand elle fut complète, j'écrivis une longue, longue missive, toute débordante de joie et de beaux projets d'avenir.

« Mère chérie, disais-je, ne travaillez plus autant et surtout ne vous laissez manquer de rien. Avec cet argent, achetez de bon vin à grand'mère, des provisions de ménage, des souliers à Kate, à Gre-del, et tout ce qui vous est nécessaire. »

O naïveté de l'enfance ! Vraiment, j'aurais possédé le mines du Pérou, celles de la Californie, que mon langage n'eût pas différé.

J'étais loin de connaître encore le prix de l'argent.

XI

Revêtu de mes habits du dimanche, je sortis de la maison de ma protectrice et, marchant d'un pas allègre et joyeux, je me dirigeai vers le bureau de poste pour chercher le mandat qui devait se joindre à ma lettre.

Une dizaine de pas m'en séparaient encore lorsque, tout surpris, je me sentis frapper l'épaule, pendant qu'une voix joviale disait à mon oreille :

« Toi ici, garçon ? »

Cette rencontre est surprenante assurément. Dans ce grand et immense Paris on peut donc se trouver face à face avec des visages connus ? Celui qui me parle ainsi est Fritz l'Alsacien, ce compatriote auquel ma mère a refusé de me confier.

A sa vue, ce ne fut pas d'abord un sentiment de plaisir qui vint se peindre sur mon visage : mais il ne dut pas s'en apercevoir, car il continua amicalement.

« Tu es bien beau, bien brave, avec cet habit de fête, petit Jean, et un simple jour de la semaine encore ! Les affaires vont donc bien ?

— Grâce à Dieu, maître Fritz, dis-je un peu embarrassé en saluant avec politesse.

— Comment te trouves-tu à Paris ? continua-t-il d'un air de feinte bonhomie sous lequel je devinais une irritation secrète.

— Ma famille m'a confié à une ancienne amie, la bonne Litz, répliquai-je ; elle me traite comme son enfant, et je serais heureux si je ne regrettais tant le pays.

— Ce n'était pas la peine, reprit l'Alsacien d'un ton rogue, de repousser si dédaigneusement mes offres. Les garçons que j'emploie sont heureux, eux aussi ! et sans savoir ce que tu gagnes, je suis sûr à l'avance qu'ils font de plus grands bénéfices près de moi que jamais tu n'en feras près de ta vieille crémière.

— Le croyez-vous, maître Fritz ? »

J'étais blessé dans mon orgueil, et mon amour-propre me poussant, peut-être aussi quelque esprit malin, je retirai soudain de la poche de ma veste le petit sac de toile contenant mon trésor. Triomphalement, je le fis sonner à l'oreille de mon compatriote.

Il parut un peu surpris. Ses traits s'adoucirent :

« Voyons ta fortune ? » me dit-il, avec une expression plus douce.

Je n'avais pas besoin de cette demande pour étaler à ses yeux mes beaux écus brillants. Il les compta, en les laissant tomber dans ses mains :

« Un, deux, trois, quatre ! Ce n'est pas mal vraiment, pour un bambin livré à lui-même et ne travaillant pas sous mes ordres ; mais ceci semblerait peu de chose à mes garçons ! Tous les mois, le moins habile peut envoyer cinquante francs à sa famille. Ta mère a peu compris tes véritables intérêts, petit Jean ; c'est dommage !

Intelligent comme tu l'es, bien dirigé, tu aurais pu gagner gros. Enfin! je ne dis pas ceci pour te peiner, chacun fait ce qu'il peut. Mais je suis sans rancune, franc comme l'or et le cœur sur la main. Si jamais tu le désires, viens me trouver; je t'accueillerai toujours. »

Ce discours avait produit sur moi la sensation que j'aurais ressentie en recevant un seau d'eau glacée sur la tête. Mon contentement s'était évanoui, mon enthousiasme avait fait place subitement à un sentiment pénible que je n'aurais pu définir. Pouvais-je encore être satisfait de ces vingt francs, péniblement amassés en six semaines, quand d'autres enfants envoyaient chaque mois plus du double au pays.

« Maître, dis-je timidement, ne pourriez-vous m'indiquer ce que je pourrais entreprendre pour gagner davantage?

— Hum! hum! c'est mon secret, tu comprends! cependant, en faveur d'un compatriote... enfin pour cela, il faudrait venir me voir souvent, assez souvent; mais ta mère Litz te le défendrait peut-être : elle ne voudrait pas, sans doute, se priver des services d'un enfant qui lui est si utile. »

Mille pensées contradictoires se pressaient en foule dans ma tête.

Une vision rapide me représenta le visage de ma mère lorsqu'elle avait repoussé la demande de l'Alsacien; puis, je me rappelai ses paroles; mais ces paroles mêmes n'étaient-elles point trop sévères? Fritz paraissait si bon enfant, si serviable, et surtout, surtout!... il gagnait tant d'argent! N'était-ce point pour elle que je désirais en gagner toujours plus? D'ailleurs, il ne s'agissait pas d'entrer au service de ce maître; je ne demandais que ses conseils, cela ne m'engageait à rien et je serais toujours libre de les suivre ou, s'ils me déplaisaient, de les abandonner. Cependant, malgré cela, j'aurais peut-être refusé encore, si Fritz n'avait pas eu l'air d'insinuer que j'étais sous la tutelle de mère Litz et que, à son gré, elle pouvait m'interdire de nouvelles relations.

Toutes ces réflexions durèrent à peine quelques secondes. Déjà j'avais relevé la tête :

« Quand vous trouve-t-on au logis, maître Fritz ? »

Un éclair singulier passa dans son regard :

« Tous les jours vers la brune, ami Jean. Au revoir donc, à bientôt ! »

Il fit mine de s'éloigner, mais revint presque aussitôt sur ses pas :

« Tu ne me trouveras point avant une quinzaine : je vais au pays et je pourrai au retour t'en donner de fraîches nouvelles. Je verrai aussi ta mère, je lui dirai notre rencontre ; même, si le cœur t'en dit, je t'éviterai des frais d'envoi en lui remettant moi-même la lettre avec l'argent.

Ma mère recevant de mes nouvelles par Fritz ! cela ne me fit pas plaisir. Tout embarrassé, je cherchais un prétexte honnête afin de décliner cette offre ; mais je craignais de le blesser. Si je le mécontentais, il ne me recevrait pas ; jamais je ne saurais son secret et je continuerais, comme par le passé, à gagner peu et péniblement.

Il attendait ma réponse, l'œil brillant, le sourire aux lèvres.

Comment refuser ? Presque à regret je lui tendis la lettre, le sac renfermant mon trésor, en lui disant :

« Ne parlez pas à ma mère de mes nouveaux projets.

— Non, non, sois tranquille. Ah ! ah ! ah ! ami Jean, Fritz sait ce qu'il faut dire ou ne pas dire. C'est un secret à nous deux ! »

Il s'éloigna en riant et ce rire me rendit à moi-même.

Qu'avais-je fait ? J'eus un instant la pensée de courir jusqu'à lui, de lui dire :

Ne parlez pas à ma mère de mes nouveaux projets...

« Je n'irai pas vous voir. Rendez-moi les vingt francs, et jamais je n'aurai de secret pour ma mère. »

La fausse honte me cloua sur place et l'Alsacien disparut à l'angle

du boulevard extérieur. Immobile, mes yeux regardaient avec persistance dans cette direction comme si j'eusse pu encore l'apercevoir ; puis, mécontent, attristé, je repris à pas lents le chemin de
la maison.

L'esprit du mal, toujours ingénieux, vint me suggérer des
excuses. Grâce à ses beaux raisonnements, un calme factice se fit
dans mon esprit troublé ; mais le bonheur ne reparut pas. J'arrivai
au logis avec la ferme résolution de ne rien raconter de tout cela à
ma vieille amie. J'avais compté sans la question qu'elle m'adressa
au retour :

« Tu as mis ta lettre à la poste, petit Jean ? le mandat est bien
dans l'enveloppe, n'est-ce pas ? Qu'as-tu fait du reçu ? »

Je rougis jusqu'aux oreilles.

« Tout est en ordre, dis-je précipitamment. Le reçu se trouve
dans la poche de ma veste. »

C'était mon premier mensonge. Si mère Litz m'eût considéré à
ce moment, je n'aurais pu supporter ses regards et, me jetant à ses
genoux, j'aurais tout avoué. Mais elle ne leva pas les yeux et continua à tricoter avec ardeur.

A ce moment, la sonnette de la boutique se fit entendre et je me
précipitai à son appel, heureux d'échapper à cette situation embarrassante. Là, le tentateur continua son œuvre et reprit ses insinuations perfides.

« De quel droit, disait-il, te fait-elle subir un contrôle ? N'es-tu
pas assez raisonnable pour demeurer juge de tes actions ? »

Vraiment, il parlait bien ! Relevant avec assurance ma tête de
onze ans, ma faute me parut plus légère. Était-ce même une faute ?

L'orgueil me rendait ingrat.

Cependant ma conscience voulait à son tour élever la voix : je feignais de ne pas l'entendre, ou j'essayais de considérer ce remords comme un scrupule déraisonnable. Fatigué de ce combat dans lequel j'étais parfois vainqueur, plus souvent encore vaincu, je touchai à peine au repas du soir, repoussant avec colère la pauvre Minette effrayée, qui arrivait, confiante, réclamer mes caresses ; Fidèle même, mon bon Fidèle, seul avec moi dans la chambrette, ne reçut pas ce soir les baisers et les confidences auxquels il était accoutumé.

XII

Les jours se passèrent sans nouvelles. J'avais compté sur une lettre de ma mère, je m'étonnais de n'en pas recevoir et l'inquiétude vint s'ajouter à mes secrets remords.

Pourquoi ne me répondait-elle pas? Était-elle fâchée?

Vingt fois je fus sur le point de lui écrire : « Votre fils vous a désobéi; le malheureux a douté de votre sagesse. Pardonnez-lui, car il se repent. »

Vingt fois aussi l'orgueil me fit rejeter la plume, et je finis par me dire que la réponse me serait envoyée par Fritz.

Une nouvelle réflexion m'assura que ce ne serait pas par cette voie qu'elle m'arriverait et que ma mère, fût-elle mécontente, ne cesserait point pour cela de m'écrire. D'ailleurs elle ne connaissait aucunement mes projets; tout au plus m'accuserait-elle d'imprudence. Et toujours je terminais par cette question qui se représentait douloureusement à mon esprit : Qu'est-il arrivé? Que fait-elle?

Ces quinze jours se traînèrent avec une longueur désespérante. J'étais sans force, sans courage, et mon activité, ma bonne humeur, s'en ressentaient.

Mère Litz devait avoir la même pensée, les mêmes inquiétudes que moi, sans oser toutefois le dire. La veille du jour où je devais aller trouver Fritz, elle se parlait à elle-même croyant que je ne l'entendais pas : « Dieu veuille que cette pauvre Marguerite ne soit pas malade ! » Cette parole vint frapper mes oreilles et retomba lourdement sur mon cœur. Malade ? loin de moi ! Oh ! ma mère ! serait-il possible ! Je pris la plume et la laissai encore : A quoi bon ? Fritz revient ce soir, j'irai le voir demain ; sûrement il me rapportera des nouvelles. J'ai soif de ces nouvelles, cependant je les redoute. Si elles n'étaient point bonnes !

L'atroce nuit que celle qui précéda cette rencontre ! J'avais la fièvre, l'inquiétude me tenait éveillé et, vers le jour, lorsque je parvins à m'endormir, un affreux cauchemar me réveilla tout baigné d'une sueur d'angoisse.

Craignant de retomber dans ces rêves affreux, je m'assis sur le bord de ma couchette et résistai de toutes mes forces au sommeil.

Fritz avait dit : « Pour une première visite, tu ne trouverais jamais ma demeure. Viens me rejoindre près du Panthéon ; je t'attendrai là, et ensemble nous irons chez moi. »

Bien avant l'heure je me trouvais au lieu du rendez-vous.

Trompant encore mère Litz, j'avais prétexté une course importante et, malgré la longue distance que je devais parcourir, je mis peu de temps pour atteindre ce quartier.

Les minutes me semblaient des siècles. Viendrait-il ? S'il allait oublier qu'il m'a donné rendez-vous ?

A cette pensée mes tempes battaient douloureusement et le vent glacé de l'automne ne parvenait point à rafraîchir ma tête brûlante. Une violente rafale souleva d'épais tourbillons de poussière, puis, s'apaisant presque subitement, fut remplacée par une petite pluie fine et pénétrante.

Je ne songeais guère à m'en préserver. En quittant mon poste, je risquais de ne pas être aperçu, et mes vêtements s'imprégnèrent peu à peu. Mes membres étaient glacés, je grelottais et je sentais mon visage s'empourprer davantage.

Des larmes amères montèrent de mon cœur à mes yeux. A grand'peine je parvenais à les retenir ; lorsque, tout à coup, je tressaillis comme si j'eusse touché une pile électrique.

Là-bas, là-bas, au détour de la rue, un homme s'avance à grands pas.

C'est lui, c'est bien lui. En deux bonds, je suis à ses côtés, haletant, inquiet, mon âme suspendue à ses lèvres.

Une seule parole lui fut adressée : «Ma mère ?»

Il me regarda. Sa figure prit une expression singulière et son regard me transperça comme l'aurait fait une lame d'acier.

« Oui, c'est vrai, dit-il lentement, tu n'as pas reçu de nouvelles.

— Ah ! comment le savez-vous ? qu'y a-t-il ? Ma mère !... »

Et saisissant son bras avec une vigueur surhumaine, mes doigts s'enfonçaient dans sa chair, pendant que ma voix rauque, altérée, prenait une expression déchirante.

Il se dégagea lentement de mon étreinte, et, plus lentement encore, les yeux dans mes yeux :

« Ta mère, dit-il, elle était malade quand j'arrivai au pays.

— Et maintenant, maintenant ? Oh ! parlez, par pitié ! »

Le silence seul, un silence de mort, me répondit.

Ma gorge contractée ne laissait plus sortir aucun son; mes mains retombèrent sans force à mes côtés et, devant mes yeux hagards, tout ce qui m'entourait me sembla danser une sarabande infernale.

Je tournoyai sur moi-même, et puis... rien... plus rien.

XIII

UN AMI

Que se passa-t-il alors?

Il s'écoula longtemps, longtemps, jusqu'au jour où je repris pos-session de moi-même.

Je me sentais souffrir comme en rêve. Une douleur aiguë étrei-gnait mon front, en l'entourant ainsi que l'aurait fait un triple cercle de fer, et, à grands cris, j'appelais celle que j'avais perdue pour me jeter dans ses bras. Ah! si j'avais pu incliner sur ses genoux ma tête brûlante; si ses douces mains étaient venues serrer les miennes; si mon cœur malade s'était reposé sur son cœur maternel, j'eusse été guéri. Je croyais l'apercevoir au loin; mais, séparé d'elle par un abîme infranchissable, je retombais haletant, désespéré, sans pouvoir l'atteindre.

Parfois des visages inconnus se penchaient sur mon lit: je les repoussais avec rage, tout en meurtrissant au mur mes membres endoloris.

Alors, dans ces moments de souffrance, souffrance aiguë du

corps, — souffrance inconsciente de l'âme, — une seule chose venait calmer mon délire : il s'élevait près de moi un chant, qui n'était pas celui d'une voix humaine, mais qui me transportait dans les régions célestes.

J'écoutais ces accords, suaves comme une prière, déchirants comme une plainte, compatissants comme le cœur d'un ami. Eux seuls parlaient à ma douleur, sanglotaient avec elle ou apaisaient son désespoir ; sans eux, je serais mort, mille fois mort, de chagrin, de souffrance et de regret.

Un jour, en ouvrant les yeux, j'examinai avec surprise tout ce qui m'entourait.

Je distinguai nettement une pauvre mansarde à peine meublée ; c'était sur un misérable grabat que j'étais étendu.

A ma portée se trouvait une table boiteuse, soutenant une cruche remplie d'eau. J'étendis la main pour la saisir, mais cette main me causa un mouvement d'effroi.

Elle était blanche comme celle d'un cadavre, et cette transparente pâleur fut pour moi une révélation.

J'avais dû être malade ; mais où étais-je ?

Alors, couvrant mon visage de mes mains diaphanes, je reconstituai péniblement ce qui s'était passé. La vérité affreuse se représenta à mon esprit inquiet ; un gémissement s'échappa de mes lèvres, et je retombai sur ma couche, en demandant à Dieu pourquoi il m'avait rendu la vie.

Soudain, un chant harmonieux s'éleva tout près de moi. Ces accents doux et tristes semblaient me répondre : — La vie est un combat ; les vaincus d'aujourd'hui seront les vainqueurs de demain, à condition toutefois de lever haut et ferme un front chrétien et courageux.

Les enseignements de ma mère se représentaient avec force à mon âme. C'était sa voix qui me parlait par cette voix et, au souvenir de celle qui m'était si chère, des larmes abondantes, les premières versées depuis bien longtemps, s'échappèrent de mes yeux.

Au bruit de mes sanglots, un enfant de ma taille s'approcha de moi ; puis, déposant sur la petite table un violon, celui-là même qui faisait couler mes pleurs, il essaya de soulever ma tête et d'approcher la cruche de mes lèvres desséchées.

En le voyant pour la première fois, une seule chose me frappa : ses yeux. Ils étaient doux, grands, lumineux, sérieux et candides, d'un bleu d'azur, et de longs cils noirs projetaient leur ombre épaisse sur un visage exprimant une tristesse profonde.

Je bus ce qu'il m'offrait sans détourner mes regards. Ces beaux yeux m'attiraient en me charmant, et je me tournais vers eux comme la fleur alanguie qui cherche pour revivre les rayons du soleil.

Consolante vision, ne t'évanouis pas ! Je n'ose parler dans la crainte de rompre le charme, et ma main saisit sa main pour le retenir à mes côtés.

L'inconnu sourit. Son sourire, comme son regard, me captive tout à fait.

L'attirant près de moi et passant autour de son cou un bras caressant, je murmure :

« Qui es-tu ?

— Un ami, » dit une voix douce comme le sourire.

« Que m'est-il arrivé ?

— Tu as été malade, je t'ai soigné ; maintenant je suis heureux, car tu vas mieux : tu me regardes, tu parles, tu es guéri !

— Oui, j'ai été malade, bien malade ; je le vois, je le sens encore. Tout à l'heure je me suis souvenu, j'ai pleuré, je voudrais pleurer toujours : car ma mère est morte. Il est cruel de n'avoir plus de mère.

— Oui, tu dis vrai. Heureux encore celui qui l'a connue ! Pleurons ensemble, ami ; moi, je ne me souviens pas de la mienne. »

Des larmes abondantes coulaient sur ses joues blêmes ; j'y mêlai mes sanglots et, la tête soutenue par son épaule, je trouvai qu'il est consolant de verser sa peine dans le cœur d'un ami.

Soudain, je tressaillis en poussant une exclamation étouffée.

Vis-à-vis de moi, encadré dans l'embrasure de la porte, je venais d'apercevoir la haute stature et le visage grimaçant de maître Fritz.

L'enfant se retourna brusquement, puis ses joues devinrent plus pâles encore. Fritz se mit à dire :

« Ah ! tu vas bien, garçon ? tant mieux ! il n'est que temps. Voilà six mortelles semaines que tu es couché sur cette paille, et pendant ces longs jours Martin n'a pu rien faire. Sauve-toi, Martin, on n'a plus besoin de toi ici ; va rejoindre les autres. »

J'étendis les bras pour le retenir, mais déjà il avait disparu.

Fritz fit entendre un petit rire sec qui me causa un frisson.

« Vous avez l'air, Martin et toi, d'être tout à fait bons amis ? Hum ! un sot ce Martin ! Tu feras la connaissance des autres ; de fameux lurons ceux-là ! Remets-toi vite : on travaillera ensemble, on gagnera de l'argent et on sera heureux près de papa Fritz. Ah ! ah ! ah ! »

Le frisson revint secouer mes membres en entendant ce discours. Je vis passer rapidement dans mon souvenir le cher visage de ma mère. Elle me regardait d'un air sérieux et triste.

« Mais, dis-je avec terreur, je ne puis pas, je ne veux pas rester

Fritz fit entendre un petit rire sec qui me causa un frisson.

toujours ici. Mère Litz m'attend. Pauvre mère Litz! elle doit me croire perdu ; laissez-moi retourner vers elle.

— Ah ! répondit Fritz, quittant brusquement son air patelin, bien qu'il essayât encore de sourire, tu ne peux pas t'en aller comme cela, garçon : ce serait trop commode. Paye-moi d'abord ce qu'a coûté la maladie : médecin, remèdes, le temps de Martin, ton garde assidu, et après tu partiras si bon te semble. Je ne parle même pas de reconnaissance, c'est une monnaie trop rare à présent. »

Cette fois le rire éclata, bruyant, amer et tout gros de menaces.

Un aboiement lui répondit, tandis qu'à la porte on grattait avec fureur.

Ciel ! c'est la voix de Fidèle. Oui, je me souviens encore ; il m'avait suivi, je n'y avais pas pris garde dans ma préoccupation, et le brave animal ne m'avait plus quitté.

Comment Fritz l'avait-il toléré ? Ceci me semblait un mystère et je ne pensai point à l'approfondir, mais je sus gré au maître de ne pas m'avoir séparé de lui. La porte, mal jointe, céda sous les efforts du chien : il était près de moi, devinant que je pouvais le reconnaître, léchant mes mains, mon visage, me témoignant une joie folle.

« Vois, ingrat ! disait encore Fritz, j'ai nourri cette bouche inutile, cela uniquement pour te plaire. Tu dois te rendre compte de l'argent dépensé et des sacrifices qu'il m'a fallu faire ?

— Je vous en remercie, maître. Mais pourquoi ne pas m'avoir conduit chez ma vieille amie ? Elle m'aurait soigné et vous n'auriez pas eu l'embarras de me garder si longtemps.

— Je te fais grâce des remerciements que tu m'adresses. Drôle de gratitude, en vérité, celle qui éclate en reproches parce qu'on n'a pas eu le cœur assez dur pour repousser loin de soi un enfant à demi mort ! Voici mon dernier mot : quand tu pourras te rendre utile, tu travailleras pour moi comme les autres ; une fois libéré, tu t'en iras si le cœur t'en dit. »

Après ces dernières paroles, qui me laissèrent muet, Fritz sortit de la chambre en tirant violemment la porte après lui.

Resté seul, je pleurai toutes mes larmes, en me lamentant bien bas, car Martin ne reparut plus de la journée.

Le lendemain, il fit une courte apparition pour m'apporter mes repas. En l'apercevant, je tendis mes bras vers lui et j'allais lui raconter ce qui précède ; mais il mit précipitamment un doigt sur mes lèvres et ses yeux me firent comprendre que nous étions surveillés.

Tous les matins ce fut la même chose. Martin entrait sans mot dire, mettait à portée de ma main les choses nécessaires à ma subsistance, m'adressait un furtif sourire, puis se retirait au plus vite.

Heureusement Fidèle resta près de mon lit. Sans ce pauvre chien, ce compagnon dévoué, que serais-je devenu ? Je lui parlais bas, lui racontant mes peines, mes remords, l'inquiétude que je ressentais pour l'avenir. Son œil intelligent me faisait voir qu'il comprenait et partageait mes craintes, car chaque fois que je prononçais le nom de Fritz, il grognait sourdement en montrant ses dents aiguës.

Malgré mon chagrin, je sentais mes forces revenir peu à peu ; mais je cachais soigneusement cette amélioration au maître lorsqu'il venait me visiter. En entendant ses pas pesants, précurseurs de son arrivée, je m'étendais nonchalamment sur ma couche ; quelquefois je feignais le sommeil.

Fritz grommelait entre ses dents, demandant quand cette maladie finirait.

Pendant mes heures de solitude, j'avais longuement caressé un projet d'évasion. L'air de cette maison m'étouffait ; une voix secrète,

une voix d'outre-tombe me semblait-il, me disait sans cesse : Fuis
au plus vite ! Ne se fût-elle même pas fait entendre, que la pensée
de l'inquiétude et des tourments que ma disparition avait occasion-
nés à la pauvre fruitière, aurait suffi largement à m'engager au
départ.

Tous les jours, j'essayais quelques pas dans ma chambre. J'avais
remarqué que la porte n'était point fermée, Fritz ne se méfiait pas
de ce que je préméditais.

Non pas que ma pensée fût de lui causer le moindre tort en par-
tant sans lui payer les dépenses occasionnées par ma maladie. J'aurais prié mère Litz de m'avancer l'argent nécessaire à le désintéres-
ser complètement ; sûrement la bonne femme ne me l'aurait point
refusé. Il ne me restait même pas le désir de connaître les moyens
qu'il se flattait d'employer pour gagner beaucoup d'argent. Cette
désobéissance à ma mère était une des causes de mes remords, et
je me serais senti trop heureux de travailler comme je l'avais fait
jusqu'au moment de cette fatale rencontre.

Une fois revenu chez la fruitière je pourrais écrire au pays ; hélas !
non point à l'aïeule, à laquelle Dieu, dans sa bonté, avait retiré la
faculté de comprendre le nouveau malheur qui était venu atteindre
les orphelins.

Comment et par quelle bonne âme la pauvre grand'mère et les
chères petites sœurs étaient-elles soignées ? Sûrement notre pasteur
ne les abandonnait pas, et c'était à lui qu'il faudrait m'adresser
pour recevoir des nouvelles.

Peut-être mère Litz en avait-elle déjà. Ah ! qu'il me tardait de le
savoir, d'entendre parler des derniers moments de ma mère ! Je ne
savais rien de sa maladie. Elle avait dû mourir en appelant son fils
et, à ce moment même, ce fils coupable négligeait ses recomman-

dations. Combien de fois, dans ces moments de solitude, ne me suis-je pas frappé la poitrine en demandant pardon au Ciel, à la morte chérie, à ce père tombé au champ d'honneur, et dont la dernière parole a été :

« Jean, sois un homme ! »

XIV

C'est décidé : ce sera pour aujourd'hui.

Depuis ce matin je guette le départ de Fritz. Il est venu dans ma chambre, déclarant d'un ton bourru qu'il faudrait essayer de me lever chaque jour pour reprendre des forces.

Il ne se doute de rien, je respire.

La porte s'est refermée sur lui. J'entends le bruit de ses pas se perdre dans l'escalier. « Viens, Fidèle, préparons-nous, c'est le moment attendu. Pas d'aboiements surtout. Réserve la joie bruyante pour l'heure où nous serons en sûreté. »

Pourquoi donc mes yeux se remplissent-ils de larmes en quittant cette demeure où je n'aurais jamais dû venir ?

Le souvenir de Martin me les arrache : Pauvre, pauvre ami, je ne te reverrai plus ! toi qui m'as soigné quand je me débattais, palpitant, sous l'étreinte de la mort.

Le cœur serré par l'angoisse d'un cruel adieu, je me glisse furtivement dans un corridor aboutissant à un étroit escalier en spirale. Il est raide, glissant, et ses parois humides exhalent d'étranges odeurs. L'escalier aboutit à une petite cour sombre, donnant accès à une grande allée, fermée par la porte extérieure.

O bonheur ! elle est entr'ouverte ; le seuil en est franchi, nous sommes dans la rue.

Une sensation de délivrance vient envahir tout mon être.

Je respire plus librement, et le poids qui pesait sur ma poitrine est enlevé instantanément par ma liberté reconquise.

L'air est vif, il me frappe au visage et me cause un étourdissement passager : je chancelle, mais la joie me donne des forces, et je quitte à la hâte ce misérable quartier pour prendre le chemin qui doit me conduire au but.

Fidèle reconnaît ce chemin sans doute. Il me précède, se retourne de temps en temps comme pour m'exciter au courage, et je vois sa petite queue frétillante s'agiter en signe de contentement.

Ma démarche, chancelante en commençant ma course, s'est raffermie peu à peu. Mon pas est devenu vif et allègre, surtout à mesure que j'avance. Allons, Jean, tu arrives au bout de tes peines. Encore cette rue, puis cette autre, et là-bas, à l'angle, tu apercevras la boutique de la crémière.

Le soleil lui-même vient percer les nuages ; et, en voyant ses pâles rayons d'hiver, je me figure qu'il m'adresse un sourire de bienvenue.

La rue tant désirée est atteinte : je ne marche plus, je cours. Mais soudain je m'arrête comme frappé de la foudre.

O surprise et douleur ! Faut-il en croire mes yeux ? Je deviens fou ou je rêve, et je m'appuie à la muraille pour ne pas tomber.

Fidèle a pris sa course. Il gémit tristement à la porte de la

boutique. Cette porte ne s'ouvre pas à ses plaintes ; elle est fermée, et sur les volets clos on peut lire, en grosses lettres noires :
A louer.

Plusieurs fois je les répète machinalement sans les comprendre ;

Sur les volets clos on peut lire : *A louer.*

ma tête est si faible encore ! A la fin l'affreuse vérité se fait jour
dans mon esprit : j'appelle Fidèle et, pressentant un nouveau
malheur, je m'enfuis comme un fou.

Comment, une seconde fois, ai-je pu parcourir cette distance ?
Le désespoir me donnait des ailes et m'ôtait la faculté de réfléchir.

J'aurais dû, certainement, aller trouver le bon prêtre, le protecteur des premiers jours ; sa bonté compatissante n'aurait pas accablé de reproches l'enfant repentant, et son cœur paternel m'aurait accueilli, soutenu, comme il savait le faire.

Cette pensée ne me vint même pas.

Mon dernier espoir évanoui me semblait l'effondrement de toutes mes espérances.

Fatalement je me sentais à la merci de Fritz. Ne fallait-il pas m'acquitter envers lui ?

Puis le remords, le remords impitoyable, venait me rendre responsable de cette dernière catastrophe et me faisait éprouver une souffrance intolérable.

Je pleurais en m'accusant tout haut : O mère Litz, mère Litz, pardonnez-moi ! L'inquiétude causée par la disparition de l'enfant qui vous était confié a causé votre mort : plus de bonheur pour moi désormais.

Et ma course devenait plus rapide encore. Je traversais les rues encombrées de voitures presque sans y prendre garde. Vingt fois, je faillis être écrasé par elles. Les exclamations des cochers, les coups de fouet retentissants, le bruit de la rue, tout arrivait vaguement à mes oreilles, et de la sorte j'arrivai à la nuit devant cette maison que j'avais quittée si heureux peu d'heures auparavant.

Je poussai la porte toujours entr'ouverte ; de nouveau j'enfilai le long corridor ; silencieusement, retenant à grand'peine mes sanglots, je montai l'escalier tortueux et me glissai dans la mansarde où je tombai d'épuisement sur mon grabat.

Mon pauvre chien me léchait doucement les mains en me regardant avec compassion. L'excès de mon malheur me brisait et je m'endormis.

Le lendemain, au petit jour, Fritz entra dans ma chambre.

« Je suis las, me dit-il, de nourrir un paresseux qui devrait être sur pied déjà depuis longtemps. »

Je l'interrompis :

« Maître, je suis prêt et me sens assez fort. Quand vous voudrez, je me mettrai à la besogne. »

Son rude visage s'éclaira.

« Bien, tu commenceras demain ; je te donne encore cette journée, et ce soir, au retour, je te présenterai à tes compagnons. »

Il sortit en fredonnant ; puis, poussant les verrous extérieurs, il m'enferma dans mon réduit.

Ma bonne volonté l'avait surpris, à n'en pas douter, et, comme j'annonçais me sentir assez fort pour travailler, il avait peur d'une évasion.

Heureusement il ignorait ce qui s'était passé la veille.

Dans l'après-midi je l'entendis revenir. Il ouvrit ma porte, me fit signe de le suivre, et ensemble nous entrâmes dans une grande salle dont les ais disjoints laissaient arriver librement l'air du dehors. On gelait dans cette chambre, située directement sous le toit, mais en été la chaleur devait y être intolérable. Les ardoises de la couverture, effeuillées par les coups de vent, formaient autant d'ouvertures par lesquelles on pouvait contempler le firmament et compter les étoiles.

Six enfants, misérablement vêtus, se groupaient sur un banc et mangeaient à notre arrivée un peu de pain et de fromage. Je fus intimidé de l'expression de ces visages. C'était tout à la fois un mélange de cruauté, de curiosité, d'astuce et de malice qui passait tour à tour dans leurs yeux fixés sur moi. Mais heureusement, à côté d'eux, j'aperçus Martin, Martin au doux regard, au limpide sourire, et le bonheur de le revoir dut se peindre sur ma figure.

Fritz me considérait, rien n'échappait à ses yeux perçants ; ses sourcils se froncèrent et un je ne sais quoi vint me faire frissonner. Ce fut un éclair. Déjà la flamme s'était éteinte, puis laissant échapper un gros rire :

« Voilà une nouvelle recrue, mes gars, dit-il en me présentant à tous. C'est un garçon actif, travailleur, intelligent, qui n'a besoin que d'un guide pour lui apprendre à bien faire. »

Un rire étrange éclata autour de moi, et le maître, mis en belle humeur, parut oublier son mécontentement pour se livrer à la gaieté. Les enfants revenaient du travail. Avec étonnement je considérais, dans de petites cages suspendues au mur, des petits cochons d'Inde, un écureuil, des souris blanches, et d'autres animaux dont quelques-uns m'étaient inconnus.

Puis, dans un coin de la vaste salle, étaient déposés différents instruments de musique : une harpe, un orgue de Barbarie, une vielle.

A quoi tout cela pouvait-il bien servir ?

Je me le demandais sans le comprendre, ou plutôt sans vouloir comprendre.

Parfois, en faisant les courses qui m'étaient confiées lorsque je demeurais chez mère Litz, j'avais rencontré de pauvres enfants à la figure hâve et souffreteuse, aux membres grêles et délicats.

Ces enfants semblaient tristes et sur toute leur personne était empreinte une désespérance qui me peinait moi-même.

Je voyais ces malheureux danser, chanter en pinçant de la harpe ou en tournant la manivelle de leur orgue portatif.

Serait-il possible que Fritz fît chercher de cette manière, à tous ces jeunes garçons dont il était le maître, leurs moyens de subsistance?

Était-ce là, mon Dieu, sa manière de gagner beaucoup d'argent?

Le doute dura peu.

Les enfants, un à un, défilèrent devant le patron. Je vis à ses questions que chacun devait rapporter au logis une certaine somme, que Fritz s'attribuait presque entièrement.

Ce soir, les réponses et les gains semblaient peu satisfaisants.

« Paresseux! disait le maître, en laissant retomber avec fracas sur la table son formidable poing. Ingrats! n'êtes-vous pas chez moi logés, nourris, et voulez-vous donc me réduire à la misère? La ration de pommes de terre sera supprimée ce soir. Qui n'apporte rien ne mange pas! Estimez-vous heureux d'être graciés du fouet aujourd'hui, en considération du nouvel arrivant! »

A ces paroles tous les regards se tournèrent de mon côté; mais aussi sournois, aussi moqueurs, aussi astucieux qu'à mon entrée dans la salle.

Ces yeux disaient clairement : Ton tour viendra. Et mon « tour » serait arrivé à l'heure même, que je n'aurais pas vu dans ces yeux d'enfants un rayon de sympathie.

Il y a des gens qui deviennent méchants à force de souffrir, même après avoir reçu du Créateur une nature bonne et généreuse.

La brutalité, les coups, les mauvais traitements avaient endurci le cœur de ces pauvres enfants.

Seul, Martin fixait sur moi un regard de compassion; je le traduisais de cette sorte : Qu'es-tu venu faire ici?

Ah! oui, qu'étais-je venu faire dans cet antre sordide, dont la misère me semblait d'autant plus hideuse que j'étais habitué à l'humble, mais propret logis de mère Litz?

La veille, en sortant pour aller la rejoindre, j'avais traversé la rue.

Comment décrire ces misérables bouges, où m'étaient apparus pêle-mêle, des chiffons, de vieilles ferrailles rongées par la rouille, des vêtements et des chaussures dépareillés dont certains vestiges, venaient attester hautement qu'ils avaient connu de meilleurs jours.

Une odeur nauséabonde se dégageait de ces réduits obscurs, où jamais le soleil ne devait risquer une apparition.

A l'entrée des maisons s'ouvraient des allées comme la nôtre : longues, humides, où deux personnes n'auraient pu passer de front, passages dangereux, dans lesquels ne devaient point oser s'aventurer en plein midi ceux qui ne les connaissaient pas.

Je m'étais étonné de rencontrer si peu de monde dans la rue ; où donc se cachaient les habitants?

J'eus alors le mot de l'énigme : Les trois quarts dormaient le jour ; mais, de dix heures du soir à trois heures du matin, les rues s'animaient et tous sortaient de leur demeure : les uns portant au dos la hotte du chiffonnier et tenant la lanterne sourde, ainsi que le long crochet destiné à remuer les monceaux d'ordures. D'autres, sans métier avouable, se glissaient comme des bêtes fauves, hors de leurs tanières ; rasant les murs, sondant, d'un œil craintif et méfiant, les profondes ténèbres, dans la crainte d'une fortuite rencontre avec la police redoutée.

C'est là que m'avait conduit ma coupable désobéissance !

XV

MARTIN

« Maintenant que tu vas bien, m'avait dit Fritz d'un air presque
aimable, je reprends ma chambre et voilà le dortoir commun ! »
ajouta-t-il en me désignant les pauvres lits rangés autour de la vaste
pièce.

Comment puis-je donner le nom de lits à ces couchettes, com-
posées seulement d'une misérable paillasse que recouvraient des
couvertures en lambeaux !

Je m'étendis sur l'une d'elles ; mais ce que j'avais vu le soir
même, joint aux souffrances morales éprouvées la veille et à la terrible appréhension du lendemain, me ramenèrent un violent accès
de fièvre.

Toute la nuit je m'agitai dans un demi-délire, rendu souvent au
sentiment de la réalité par les réclamations de mes voisins dont je
troublais le sommeil.

Martin se leva et vint s'asseoir à mon chevet. Sa vue me calma quelque peu ; mais, le matin venu, je tremblais de tous mes membres et fus incapable de me lever.

Fritz entra dans une violente colère en me voyant ainsi.

« Puisque tu ne peux travailler, me dit-il d'une voix rude, tâche de te rendre utile à la maison. »

Il entassa dans une immense marmite tout ce qui était nécessaire à la fabrication de la soupe, et je fus chargé de la faire cuire pendant l'absence de tous.

Mes compagnons s'étaient levés au jour et mangeaient à la hâte un morceau de pain noir.

Ensuite chacun s'empara de son gagne-pain. Souris, écureuils, marmottes, furent tirés de leurs cages et enfermés dans de petites boîtes suspendues à leur cou.

Harpe, orgue de Barbarie, vielle, rejoignirent aussi leurs propriétaires.

Martin prit son violon, fixa sur moi un regard de pitié et d'encouragement, puis, tous, obéissant à Fritz, sortirent de la grande salle, et je restai seul enfermé au verrou.

Je me traînai près de la vaste cheminée qui occupait un des côtés de la chambre et je me mis en devoir d'allumer le feu.

Le vent, soufflant au dehors avec violence, venait contrarier mes efforts ; la fumée m'aveuglait, me prenait à la gorge et m'occasionnait des suffocations qui augmentaient encore mon état de souffrance.

De grosses larmes coulaient de mes yeux jusque sur le foyer couvert de cendres et, rempli de découragement, je me laissai tomber sur le plancher vermoulu, en couvrant mon visage de mes mains défaillantes.

Mon pauvre Fidèle gémissait à côté de moi, et sa patte caressante touchait doucement ma figure, comme pour m'exciter au courage. A maintes reprises, je revins à la flamme rebelle, attisant les charbons de mon souffle haletant, et poursuivi de la crainte des corrections qui seraient mon partage si je ne réussissais pas à mener à bonne fin la mission qui m'était confiée.

Heureusement mes persistants efforts furent couronnés de succès.

Le vent soufflant au dehors avec violence venait contrarier mes efforts.

Perçant l'épaisse fumée, la flamme s'éleva claire, brillante, et la marmite se mit à frémir puis à chanter doucement.

Un peu consolé, je vins, épuisé par ce travail, me rejeter sur mon lit, me relevant de temps à autre pour entretenir le feu.

Souvent je m'étais acquitté du même office chez ma pauvre vieille amie; mais que mon sort était différent aujourd'hui, et cela par ma propre faute ! A cette pensée mes pleurs redoublaient encore.

8

Le maître revint de bonne heure, accompagné de Martin. Il ne le quittait donc pas !

Les enfants rentrèrent l'un après l'autre vers le moment du dîner.

Tous, à l'exception d'un seul, apportaient à Fritz le fruit de leur journée. Ce prix était fixé à trente sous. L'argent, compté avec soin et méfiance, allait s'enfouir dans la vaste poche de l'Alsacien.

Le dernier, celui auquel il manquait quelque chose, n'osait pas avancer.

Il entama une longue série d'excuses qui furent interrompues d'un geste.

« Assez! cria Fritz, d'une voix tonnante. Tu es un paresseux, je te l'ai dit souvent, tu t'amuses et tu flânes le long des boulevards au lieu de penser à travailler.

— Non, protestait l'enfant d'une voix pleurarde ; je vous assure que j'ai fait tout ce que j'ai pu ; mais les passants n'écoutaient rien aujourd'hui. Il fait froid : tout le monde se hâtait, et l'on m'écartait du geste lorsque je voulais montrer la marmotte.

— Comment donc les autres ont-ils pu réaliser la somme ? Il ne faisait pas pour eux moins froid que pour toi-même. Assez, d'ailleurs cela me fatigue et m'ennuie. Il te manque dix sous. Dix coups de fouet sur les épaules, et dépêchons ! »

J'étais pâle de crainte et d'horreur ; une sueur d'angoisse perlait sur mon front.

L'enfant enleva sa veste, mit à nu ses épaules sur lesquelles se voyaient déjà de longs sillons bleuâtres, et Fritz, armé du fouet, le fustigea cruellement.

Au premier coup, la victime avait poussé un cri perçant.

« Autant de cris, autant de coups supplémentaires, dit froidement le bourreau. »

Et l'on n'entendit plus dans la vaste salle que le sifflement de l'instrument du supplice et les soupirs étouffés du patient.

Le maître, lentement, méthodiquement, comptait les coups à haute voix. Martin avait voilé son visage de ses deux mains; ses compagnons ne semblaient pas s'émouvoir de la correction infligée à leur camarade; moi, je comprimais les sanglots qui soulevaient ma poitrine.

Fritz m'aperçut et un sourire cruel vint entr'ouvrir ses lèvres.

Pour moi il voulait dire : Tu as entendu, tu as vu : prends garde à toi.

Au souper, je ne pus desserrer les dents.

De mon coin, je vis les enfants y faire honneur moins toutefois le blessé qui tremblait encore.

Après le repas, ils gagnèrent leurs lits. Fritz emporta la lumière et nous restâmes dans l'obscurité la plus profonde.

Quelques instants après tous s'étaient endormis, du moins je le croyais, car il m'échappa un léger cri en entendant des pas furtifs s'approcher de ma couche.

Un : « Chut! » prononcé à voix basse me fit taire. J'apaisai de la main Fidèle qui grognait sourdement; j'avais reconnu la voix de Martin.

Il s'approcha près, tout près de moi, et je l'étreignis dans mes bras. Tandis qu'il me rendait mes caresses je murmurais :

« C'est horrible !

— Oui, répondit-il, sur un ton bas et triste! Depuis des années j'assiste à ces scènes journalières.

— Te frappe-t-il, toi aussi ?

— Souvent, hélas! quand je ne rapporte pas assez au logis. Un jour aussi il m'a frappé parce que j'avais refusé de prendre le fouet pour faire l'office de bourreau. Ce soir-là j'ai cru qu'il me tuerait. Depuis il me l'a ordonné maintes fois ; mais je mourrais avant d'y consentir.

— Oui, ton cœur est trop bon. Je n'ai pas oublié que tu m'as donné des soins pendant ma maladie et je ne t'ai pas revu seul encore, depuis le premier jour où j'ai repris possession de moi-même. Laisse-moi te dire combien je t'aime...

— Tu m'aimes ? cela me suffit et je suis trop payé. J'ai si besoin que l'on m'aime !

— Personne ne te l'a-t-il jamais dit ? Ta mère, ta famille !...

— Ma famille ? je n'en ai pas. Ma mère ? Fritz m'a répété cent fois que j'étais un enfant trouvé. Toi, ami, tu as vécu heureux long-temps de la douce vie de famille ; mais comprends-tu quelle tristesse il y a dans cette parole : un enfant trouvé ! C'est-à-dire un enfant dont personne ne se soucie, dont personne n'a guetté le premier sourire et guidé les premiers pas. Voilà ce que j'ai été, du moins Fritz l'assure. Mon premier maître, celui qui m'a recueilli, m'a loué à l'Alsacien, et depuis lors je travaille pour lui sans espérer un meilleur sort. Ils croient par leurs mensonges m'avoir ôté le souve-nir ; mais il me reste au plus profond du cœur la vision certaine d'une femme au doux visage, qui me serrait dans ses bras et m'endormait sur ses genoux. Pourquoi, comment ai-je été enlevé à son amour ? Cette pensée est atroce ! Vois-tu, Jean, je voudrais mourir pour échapper au maître et pour revoir celle qui devait être ma mère...

— Ne dis pas cela, ne le dis pas ! Ne te reste-t-il pas un père ?

— Un père ?

— Oui, un père plus puissant que ton maître et qui, seul, peut te soutenir et te garder en ce monde. Un père que nous verrons un jour, si nous sommes bons et sages ici-bas. Tu as entendu, Martin, parler de ce père céleste, dont la demeure est aux cieux ?

— Oui, oui; elle aussi devait dire cela, mais Fritz répète : Il n'y a pas de Dieu, à quoi bon le prier?

« Cependant il ment, il ment; tout me le prouve et mon cœur le crie sans cesse. Ne nous assure-t-il pas aussi que la fortune doit être le lot des plus adroits et qu'elle n'appartient à personne? S'approprier le bien des autres n'est pas pour lui un vol. C'est une action fort juste et presque méritoire, à laquelle il nous pousse sans relâche. Les autres font ce qu'il veut; ils craignent les cruelles corrections, et souvent reviennent au logis les poches garnies d'objets dérobés, quelquefois même d'argent. Pour moi je m'y suis toujours refusé et j'ai conservé un peu d'énergie, pour cela seulement. Mais mon courage s'épuise dans cette lutte journalière. Afin de me soutenir, ami, je pense à ma mère, à ce qu'elle aurait désiré que je fusse si elle m'eût élevé; et si elle me regarde du haut du ciel, je ne veux pas qu'elle puisse rougir de me nommer son fils. »

Je pleurais en silence, comparant à la mienne la conduite de Martin, si seul, si abandonné pourtant, et trouvant néanmoins dans le souvenir de sa mère, à peine connue, la force de résister aux coupables enseignements de Fritz. Je l'admirais tout en me disant : Qu'aurais-tu fait à sa place? toi qui as succombé si vite à la première tentation!

« Vois-tu, Martin, lui dis-je tout ému, elle prie pour toi, sois-en sûr...

— Comment prie-t-on? interrompit-il vivement; je veux aussi prier pour elle! Mais Dieu, qu'on dit être si puissant, écoutera-t-il un pauvre enfant abandonné? Pourquoi l'appelais-tu : mon Père?

— Parce qu'il veut être nommé ainsi. Crois-tu donc qu'un père n'écoutera pas son enfant? »

Et lentement, prenant les deux mains de mon ami, les lui faisant joindre et les gardant dans les miennes, je récitai, comme je ne l'avais pas fait encore jusqu'à ce jour, en mettant dans ma voix attendrie la ferveur remplissant mon âme, la prière divine : Notre Père !

Martin répétait après moi, et quand nous eûmes fini, nous recommençâmes encore.

« Que c'est bon, dit-il ensuite, de posséder un ami, un cœur qui vous aime et auquel on peut tout confier ! Sais-tu, Jean, quel a été mon confident jusqu'à ce jour ? Parfois le désespoir eût fait éclater mon cœur s'il n'eût pu épancher sa peine : ma voix parlait alors par sa voix, toute vibrante de la douleur qui me déchirait nuit et jour ; cet ami, ce confident si cher, c'était mon violon ! »

Cette voix je l'avais entendue dans mon délire. C'était celle qui apaisait ma souffrance et me procurait le calme avec le soulagement. Je fus heureux de l'apprendre à Martin et lui demandai quel avait été son professeur.

« Mon premier maître, me dit-il. Lui seul m'enseigna les éléments de la musique, et c'est maintenant mon gagne-pain. Jamais je n'aurais pu mendier, comme ils font tous, en montrant les souris ou les marmottes. Je me place sous une porte cochère ; souvent je demande la permission d'entrer dans la cour de la maison pour faire un peu de musique. Quand le concierge a bon cœur, il me l'accorde. Là, mon violon parle à ceux qui m'écoutent ou implore leur pitié. J'ai vu des gens qui pleuraient en me regardant. Ceux-là devaient aussi être malheureux : mes plaintes trouvaient le chemin de leur cœur. Alors, dans ce cas, ils me donnaient volontiers et ma journée était bonne. Mais le plus souvent, en mettant la tête à la fenêtre, on me dit : « Oh ! l'ennuyeux musicien ! est-ce triste ce qu'il joue-là ! Va plus loin, petit, avec tes marches funèbres. » Et

j'essaye de changer de thème, pour satisfaire ces heureux ! Hélas !
mon violon ne peut parler si je ne l'inspire, et la gaieté est si loin
de mon cœur ! Il revient toujours, presque malgré moi, à ses accents
plaintifs, et l'on me crie encore : « Va-t'en ! » sans me rien donner.
Aussi, quand la nuit arrive, le maître me frappe comme il a frappé
ce soir un de mes compagnons. »

Martin me parla longtemps encore, puis s'endormit à mes côtés.
Moi, je ne pus fermer l'œil. Tout ce que je venais d'entendre me
bouleversait, et soudain je pris la résolution de fuir cette demeure
maudite en emmenant mon ami avec moi.

XVI

EN PRISON

Il est facile de dire : Je m'évaderai. Mais des paroles à la réalisation du projet il y a souvent un abîme.

Rien ne me semblait plus simple : je sortais avec Martin et lui donnais rendez-vous dans un quartier éloigné ; puis, quand les autres enfants nous avaient quittés, nous nous y retrouvions ensemble. Là, je le décidais à me suivre : son maître avait-il le moindre droit sur sa personne ? Non, sans doute. Il le comprendrait et se laisserait guider par Jean. Jean le conduirait chez le bon prêtre auquel il aurait dû penser plus tôt. Sous sa protection les deux amis seraient en sûreté.

Oui assurément, tout cela était très naturel, et cependant rien n'arriva ainsi.

Le jour venu, je me levai et m'habillai à l'heure où tous mes compagnons se préparaient à sortir. J'avais l'air heureux ; du moins je suppose que la joie de me savoir si près de la délivrance devait se refléter sur ma figure. Je faisais à Martin de petits signes mystérieux, sans prendre garde à Fritz qui allait et venait dans la vaste chambre.

Comme je n'étais pas musicien, il allait probablement me confier un des animaux renfermés dans les petites cages. Peut-être même serait-ce ce jeune singe qui grimaçait en gambadant, malgré la chaîne rivée à son poignet? Je ne me sentais pas fait pour ce métier de paresseux, mais je ne disais rien et, une fois dans la rue, je serais sauvé.

Martin a pris son violon. Léonard, le battu de la veille, saisit la marmotte; un autre, la harpe, celui-ci l'écureuil, celui-là les souris blanches, et déjà je tends la main vers le singe qui me regarde de ses yeux vifs et malicieux.

— Non pas, dit Fritz; toi, Jean, tu restes à la maison. Je te confie, momentanément, la garde et le soin du ménage; quand tu seras plus fort, nous verrons. La marmite est apprêtée; tu vas faire cuire la soupe comme hier. Gare à toi si elle n'est pas bonne!

Il aurait pu parler longtemps sans que je songeasse à l'interrompre. Immobile, j'écoutais ses recommandations d'un air hébété, me demandant avec effroi combien de jours, de semaines peut-être, j'allais me trouver enfermé sans pouvoir sortir! Disait-il vrai? Était-ce pour ménager mes forces qu'il ne m'envoyait pas avec les autres? ou bien ma figure, joyeuse et préoccupée tout à la fois, lui avait-elle inspiré des soupçons?

Mon esprit n'avait pas résolu ces problèmes que déjà tous mes compagnons d'infortune étaient partis, suivis du maître qui ferma au verrou la porte vermoulue.

J'eus un véritable accès de désespoir en me retrouvant seul dans cette pièce si triste, et où la lumière ne pouvait arriver qu'en passant par une étroite fenêtre, donnant accès sur le toit.

Mes gémissements éclatèrent sans que je pusse les retenir, et je criais : « Ma mère, ma mère! » comme la veille, et comme je le faisais naturellement quand j'avais de la peine.

Fidèle essayait encore de me consoler, mais j'étais trop absorbé par mon malheur pour prendre garde à ses caresses. L'écartant avec douceur, je me jetai à genoux et priai Dieu à haute voix, en prononçant des paroles incohérentes, interrompues fréquemment par mes sanglots.

Absorbé comme je l'étais, je n'entendis point ouvrir la porte et je tressaillis de la tête aux pieds en entendant, tout près de moi, la voix du maître. Elle s'élevait courroucée, méprisante, railleuse et tremblante d'une irritation contenue.

« Sottise! disait-elle, est-ce la mère qui a nourri ton esprit de ces extravagances? Celui que tu pries ne t'entend pas et, s'il existe, il ne s'occupe guère de toi. »

J'avais rougi d'indignation et de douleur. Quoi! par ordre de Fritz, cesser de prier et d'aimer ce Dieu bon, notre seul soutien et ma seule espérance!

« Maître, m'écriai-je en relevant mes yeux qui plongèrent dans les siens, je ne renierai jamais mon Dieu.... ni ma patrie, » ajoutai-je plus bas et presque involontairement, en songeant aux paroles prononcées autrefois en ma présence.

Je n'avais pas calculé l'effet de mes paroles; il fut terrible.

Fritz pâlit et rougit tour à tour, puis une teinte livide se répandit sur son visage. Il tremblait de tous ses membres en s'approchant de moi, si près que son haleine me brûlait la figure.

« Si tu tiens à la vie, dit-il d'une voix rendue méconnaissable par la colère, ne répète jamais cette parole. Pour t'en faire souvenir, vois comment je châtie les insolents. »

Et le fouet tournoya dans l'air, puis vint s'abattre sur mes épaules.

Je poussai un cri auquel répondit un ricanement féroce. J'étais tombé à genoux, vaincu par la souffrance.

« Oui, à genoux ! continuait-il en frappant toujours ; mais pour me demander pardon. »

Pardon à cet homme ! j'aimais mieux mourir que de prononcer cette parole, et heureusement mes lèvres contractées ne la laissèrent pas échapper.

Une lueur sanglante parut dans ses yeux. Il me saisit dans ses bras nerveux et je crus sincèrement que c'en était fait de moi. Pendant cette scène affreuse, Fidèle avait essayé de me défendre. Le pauvre animal s'était placé devant moi, tout prêt à sauter à la gorge de l'ennemi ; mais, armé du fouet, Fritz s'était débarrassé de mon humble défenseur et l'avait jeté dans la pièce voisine où ses aboiements furieux se faisaient entendre.

Il m'avait soulevé comme une plume, malgré la résistance que j'essayais encore de lui opposer ; puis, ouvrant la porte donnant accès au palier, il me jeta avec violence dans une étroite soupente, contenant une botte de paille à moitié pourrie et une cruche débordant d'une eau croupissante ; en un mot, une véritable prison dont je devenais l'hôte.

Prisonnier ! et j'avais fait le rêve, quelques heures auparavant, de me retrouver libre, presque heureux, puisque j'échappais à Fritz en emmenant Martin avec moi.

Martin ne savait rien de ce qui s'était passé. Qu'allait-il croire en rentrant au logis ? Soupçonnerait-il la vérité et surtout l'endroit où le maître me retenait ?

« Si tu tiens à la vie, » dit-il...

Il devait connaître cette sorte de prison; sans doute je n'étais pas le premier enfant que Fritz punissait ainsi. Cette paille moisie, affaissée, avait dû servir de lit à de nombreux coupables. Pas d'autre issue que cette solide porte de chêne; pas d'autre ouverture par où la lumière du jour pût pénétrer que cette lucarne, ouvrant sur les toits. Si encore j'avais eu un livre en ma possession, les heures se seraient passées plus rapidement. Mais rien pour occuper mon temps; rien que mes souvenirs, mes pensées amères, mes regrets, mes remords!

Ah! qui m'eût prédit, lorsque je vivais dans notre chère Alsace, écolier insouciant et paresseux, hélas! qui m'eût prédit les malheurs s'apprêtant à fondre sur nous tous et les épreuves qui m'attendaient plus tard!

O ma mère! ma mère! ne protégerez-vous pas votre fils?

Combien de temps vais-je rester dans cette affreuse cellule? Fritz ne veut-il pas se défaire de moi et m'apportera-t-il même de quoi vivre? Mon imagination troublée me représente mille horribles visions. Je me compare à un prisonnier célèbre dont j'ai entendu redire l'effrayante histoire, et ce cachot devient pour moi une seconde Tour de la faim.

Comme cette journée me parut longue! Cependant j'appréhendais l'arrivée de la nuit et j'observais avec angoisse le déclin du jour. Il diminua peu à peu; en cette saison l'obscurité arrive vers quatre heures du soir, et elle devint bientôt si profonde que je ne distinguai plus ce qui m'entourait.

Le reste de courage qui me soutenait encore tomba subitement. Les ténèbres me semblèrent se peupler d'invisibles fantômes, et le vent qui mugissait, en ébranlant la toiture, me fit l'effet d'une voix plaintive se lamentant sur mon sort.

Tout à coup des pas lourds se firent entendre et résonnèrent sur l'étroit palier. Ma porte s'ouvrit en grinçant : une vive lumière, apparaissant soudain, me força à baisser les yeux.

Fritz, car c'était lui, grimaçait un hideux sourire. Il m'apportait, pour tout repas, un morceau de pain noir.

« Mon mignon, me dit-il de sa voix railleuse, te plais-tu bien ici ? C'est trop nouveau, tu ne peux le savoir encore. Dans quelques jours tu accepteras toutes les conditions pour en sortir au plus vite. Cette plaisante demeure a eu raison du courage des plus braves : tu feras comme eux. En attendant, au revoir ! »

Il était parti, et j'écoutais encore bouche béante, sans avoir trouvé une parole à lui dire. Je ne voulais, je ne pouvais demander pardon et il me répugnait d'implorer la pitié de cet être méprisable.

Mais que signifiaient ses menaces ? L'inquiétude, une vague appréhension, me torturaient, et néanmoins, malgré tous ces tourments, un impérieux besoin de nourriture venait se faire sentir.

J'allais étendre la main pour saisir le pain noir déposé non loin de mon grabat, lorsque je fus frôlé par un être invisible.

N'étais-je pas seul ? A cette pensée une sueur froide mouilla mes tempes et mes dents s'entre-choquèrent, agitées par une angoisse violente. Un léger cri d'effroi s'échappa presque involontairement de ma gorge contractée ; les yeux agrandis par l'épouvante, essayant de percer les ténèbres profondes dont j'étais environné, j'écoutais si une voix mystérieuse n'allait pas répondre à la mienne.

Tout était silencieux. M'étais-je trompé ? Peut-être. Et je me raccrochai désespérément à cette dernière supposition.

Tremblant encore, j'étends la main vers le pain apporté par Fritz et, tâtonnant tout autour de moi, je suis surpris et effrayé de ne pas le découvrir.

Cependant je ne rêve pas. C'est bien là, près de la lourde cruche, que le maître l'a déposé. Voilà la cruche, mais de pain, point. Qu'est-il devenu? et je cherche, je cherche encore.

O terreur! j'ai senti, ou plutôt j'ai deviné la présence d'un compagnon étrange. La paille a remué, là-bas, près de mon pied droit. Cette fois ce n'est pas une illusion. Enhardi par mon immobilité, je retiens jusqu'à mon souffle; on monte, on monte le long de mon grabat; un souffle chaud effleure mon visage, je jette les bras en avant pour me défendre et mes doigts rencontrent un corps velu que je saisis au passage.

De nouveau je pousse un cri, mais c'est un cri de douleur. Des dents aiguës se sont enfoncées dans ma chair, transperçant presque tout à fait l'un de mes doigts dont le sang s'échappe et couvre bientôt ma main entière.

Un sentiment d'horreur s'ajoute à la souffrance, à la crainte que j'éprouve. Mon estomac frustré vient y joindre ses pressantes réclamations, mais je ne cherche plus ce pain noir destiné à apaiser la faim qui me dévore : le pain est enlevé, j'en ai la certitude, et c'est un rat qui en est le voleur !

De tout temps, j'avais eu une répulsion invincible pour ces affreux rongeurs, auxquels Fidèle et Mitouflette livraient des combats acharnés. Ils possédaient aussi un ennemi redoutable dans le *mores* de notre village, qui en faisait également de grandes hécatombes, comme le prouvaient sa coiffure et sa casaque même, confectionnées entièrement avec la peau de ses victimes.

Autrefois, quand il venait chez mon père, je ne pouvais me défendre d'éprouver un frisson de dégoût en songeant au carnage qu'il devait faire afin de se procurer son bizarre accoutrement. Une fois même il avait accompli son office dans notre maison, et je me souvenais encore des gémissements aigus poussés par l'animal pris au piège.

De tout cela il m'était resté un sentiment d'horreur, et je tremblais en songeant à la probabilité du retour de mon ennemi.

Reviendra-t-il ?

Je cherche à me rassurer en me disant que, effrayé par mon cri de douleur, le rôdeur est rentré dans sa cachette et n'osera plus en sortir. Comme je ne suis pas bien convaincu de ce que je veux me persuader à moi-même, je n'ose chercher le sommeil, éloigné d'ailleurs par les tiraillements de mon estomac en détresse.

Pourtant ce ne sont plus les tortures de la faim que me représente mon imagination alarmée, et cette question vient se poser à mon esprit incertain :

« N'a-t-on jamais vu de prisonniers dévorés par les rats ? »

Je me le demande encore lorsque, ô frayeur, le trottinement recommence, timide d'abord, puis s'enhardissant peu à peu. Je reste immobile, mais mon cœur bat à coups redoublés bien que, tout bas, je m'exhorte au courage.

Comment m'y prendre pour me défaire de ce rat audacieux ?

En silence je dénoue une cravate de laine dont s'entoure mon cou ; je l'enroule plusieurs fois autour de ma main blessée et je m'apprête au combat.

Ah ! si je parviens à le saisir comme je l'ai fait tout à l'heure, protégé par l'épaisseur du tissu qui me mettra à l'abri de ses morsures, je l'étranglerai sans miséricorde.

Voici le moment propice.

Le rat, après avoir hésité quelques secondes et me croyant sans nul doute endormi, avance avec précaution. Il grimpe sur ma couchette, la paille s'agite sous ses pattes. Je le devine : il est là, tout

près ; mais au moment où je vais étendre le bras, de petites dents
s'attaquent à mon soulier gauche et viennent le grignoter effronté-
ment. Puis, une longue queue effleure mon visage ; sur mes jambes,
ma poitrine, tout mon corps, des ennemis invisibles passent, repas-
sent et semblent danser autour de moi.

L'horreur de la situation me donne des forces.

Debout, appuyé au mur, possédant pour toute arme mes lourdes
chaussures de cuir, je frappe à droite, à gauche, m'escrimant sans
relâche contre ces affreuses bêtes. Mille cris perçants me répondent.
Ils s'éloignent, se rapprochent, s'éloignent encore, et la menace de
Fritz me revient à la mémoire.

Que faire ? que devenir ? la prison est envahie par les rats !

XVII

Toute la nuit je luttai contre les envahissements des rongeurs. Vainqueur lorsque j'avais frappé longtemps en poussant des cris qui les tenaient à distance ; vaincu quand, succombant à la fatigue, ma tête s'alourdissait et que mes yeux, se fermant malgré l'effort d'une volonté persistante, se laissaient clore par le sommeil.

J'avais entendu parler à M. Franck, notre pauvre vieux maître, d'un supplice en usage chez les Chinois. Il consiste à empêcher le condamné de dormir, et la privation de tout repos entraîne infailliblement la mort au bout de quelques semaines.

J'avoue que ce récit m'avait laissé à demi incrédule.

Était-ce si terrible de ne pouvoir dormir ? Je ne le pensais pas, puisque je gagnais tous les soirs à regret mon petit lit blanc, et que, maintes fois, j'avais supplié ma mère de me permettre une prolongation de la veillée.

Pendant cette affreuse nuit, l'histoire chinoise me revint à la mémoire. Oui assurément, il n'est pas de torture comparable à celle-là. Ne pouvoir donner à son corps meurtri, à son âme épuisée par la lutte journalière, l'apaisement et l'oubli momentané qu'ils réclament tous deux à grands cris ! quelle souffrance, quelle intolérable supplice ! A cela ajoutez encore les tourments de la faim. Pour apaiser ma soif j'avais trempé mes lèvres, en surmontant le dégoût qu'elle m'inspirait, dans cette eau saumâtre, croupissante, dont la cruche était remplie.

Cette eau m'avait donné la fièvre ; loin d'apaiser le feu qui me dévorait, elle avait rendu ma gorge plus brûlante en me faisant désirer, avec une ardeur nouvelle, l'eau fraîche et limpide dont ma tête en feu semblait percevoir le murmure.

L'arrivée du jour vint calmer un peu mon imagination malade. Les fantômes de la nuit s'envolèrent en même temps qu'apparaissaient les premières lueurs d'une sombre matinée d'hiver.

C'était la veille de Noël.

L'an passé, malgré nos malheurs et la tristesse dont nous étions accablés, je me trouvais encore heureux puisque j'avais ma mère. Aujourd'hui, plus personne. L'aïeule est loin de moi et son esprit est fermé aux choses de ce monde ; les mignonnes sont abandonnées, et, seule, la charité en prend soin. La mère est partie ; partie ! et son fils la réclame ! Ma mère, ayez donc pitié de moi !

Et ce cri, vingt fois répété, s'éteignit dans mes sanglots.

A travers mes larmes, ce que j'entrevis me causa un frisson d'horreur.

Le plancher de l'étroite cellule était un véritable champ de bataille couvert de morts et de blessés.

L'énergie du désespoir m'avait donné des forces dont je ne m'étais pas douté moi-même. Les coups portés au hasard avaient été terribles et six énormes rats, presque aussi gros que Mitouflette, gisaient à mes pieds, en rougissant la paille du sang qui s'échappait de leur crâne entr'ouvert.

D'autres respiraient encore. Je les achevai sans pitié et, ne sachant que faire des cadavres, je les lançai sur le toit par la lucarne y aboutissant.

Je terminais cette funèbre besogne quand Fritz apparut tout à coup. Au bruit de la porte, j'avais relevé la tête et nos regards se croisèrent comme la veille.

Le sourire moqueur qui entr'ouvrait ses lèvres à son entrée dans la prison, se changea en un ricanement féroce. Il me jeta, plutôt qu'il ne déposa près de moi, un morceau de pain noir et se retira sans prononcer une parole.

A peine s'était-il retiré que, la nature reprenant ses droits, je me jetai sur le pain, et en un instant il n'en resta pas miette. Jamais la plus exquise nourriture ne me parut si délicieuse que ce pain noir qui semblait me rendre une nouvelle vie.

O vous qui gaspillez parfois ce pain donné par Dieu, n'avez-vous donc jamais réfléchi que plus d'un infortuné le recevrait avec bonheur? Oh! ne profanez plus, en le perdant ainsi, ce don de la divine Providence! Remerciez-la de vous l'accorder et partagez-le avec le pauvre, dont le regard suppliant implore votre bonté.

Tout le jour s'écoula, assailli par les transes mortelles causées par la crainte de la nuit. Je priais, je pleurais, et je fus agité d'un tremblement convulsif en voyant apparaître au ciel les premières étoiles. Elles étaient rares, voilées d'une brume transparente et, çà et là, de lourds nuages traversaient rapidement le ciel assombri.

Le froid, qui m'arrivait par la lucarne à demi brisée, engourdissait mes pieds et mes mains. Longtemps j'avais essayé de me réchauffer en soufflant sur mes doigts, mais ce moyen lui-même devenait impuissant.

La faim revenait aussi me tourmenter. A peine assouvie, elle reparaissait plus âpre, plus persistante, plus exigeante encore.

Longtemps j'espérai la visite de Fritz. Oui, j'en étais venu à désirer sa présence, puisqu'elle me procurait la faible nourriture dont j'avais un impérieux besoin.

Le maître ne parut point.

En revanche, les rats m'accordèrent quelque repos. S'ils eussent paru comme la veille, aurais-je trouvé le courage et la force nécessaires pour les combattre ?

Après avoir écouté longtemps, l'esprit plus tranquille de ce côté, j'allais essayer de m'endormir, lorsque mon attention fut attirée par un bruit de pas légers et furtifs qui me semblaient se faire entendre au-dessus de moi.

Tout ému je me relevai à demi, me demandant avec terreur quel nouveau danger allait fondre sur moi.

Il y avait quelqu'un au-dessus de ma tête, c'était indiscutable.

On marchait lentement, très lentement, on s'arrêtait parfois et on avançait de nouveau.

O ciel ! n'est-ce point une illusion ? Un léger coup a été frappé à la fenêtre ; une voix connue a prononcé doucement mon nom. Mon Dieu, soyez béni ! j'ai reconnu la voix de Martin.

En deux bonds, m'accrochant aux solives qui traversent la cellule, je me hisse jusqu'à la lucarne ; j'arrache le volet à demi pourri qui la ferme, une forme noire se montre près de l'ouverture ; une seconde plus tard nous pleurions dans les bras l'un de l'autre.

— O Martin, Martin, mon ami, mon frère ! quoi ! tu n'as pas craint de risquer ta vie pour arriver jusqu'à moi ? Je t'aime, je t'aime ! Et je couvrais son visage de mille baisers qu'il me rendait avec usure.

Quand nous fûmes un peu calmés je fis le récit qu'il me demandait.

J'allais essayer de m'endormir lorsque mon attention fut attirée...

« Oui, disait-il, oui, je comprends la colère de Fritz en te surprenant à genoux. Comment porter au mal un enfant qui prie? Comment le faire consentir à ce que la loi de Dieu lui défend? Ensuite, ta réponse l'a exaspéré. Hélas! comment sortiras-tu d'ici?

« L'an dernier, nous avions pour compagnon un enfant nommé Rudolphe. Rudolphe était orphelin et son tuteur l'avait loué au maître. Le pauvre garçon était petit, chétif, laid et timide, et ne pouvait réussir à rapporter au logis l'argent que Fritz exige de nous chaque jour. Tous les soirs il était battu et tous les soirs il lui manquait un tiers de sa recette. Le maître entrait dans des colères affreuses. Voyant que les coups ne produisaient pas d'effet, il le nourrissait à peine : juste de quoi ne pas mourir de faim. Il était devenu si pâle, si pâle, que sa pauvre figure me faisait peine et pitié. Lui, ne semblait pas s'en inquiéter; il était doux, bon camarade, ne répondait jamais aux rebuffades par une mauvaise parole. Je l'aurais aimé, bien sûr, et je crois même que je l'aimais déjà! Un soir, son gain était si faible que Fritz, après l'avoir battu cruellement, l'enferma dans cette cellule. La nuit suivante il avait le délire, et, de la grand'salle, on l'entendait chanter un air triste et plaintif.

« Le maître riait; mais le lendemain, en lui portant sa nourriture, il vit l'enfant étendu sur la paille, raide et déjà glacé. La police s'émut; on ordonna une enquête; faute de preuves suffisantes, le maître ne fut pas inquiété, et on déclara que l'enfant était mort d'une congestion au cerveau. »

Je m'étais levé tout droit et muet d'horreur. Quoi! sur cette paille, car ce devait être la même, un enfant avait rendu le dernier soupir? J'avais saisi les mains de mon ami et les miennes étaient froides et tremblantes.

« Qu'as-tu donc? me dit Martin; tu frissonnes, mon pauvre Jean! »

Oh! oui, un frisson de terreur secouait tout mon être et mes dents s'entre-choquaient violemment. Ce fut d'une voix brisée par l'émotion que je lui répondis, et ma réponse était un cri de détresse :

« Je ne veux plus rester dans cette affreuse prison. O ami ! aide-moi à m'enfuir !

— Ah ! pourquoi t'ai-je parlé de cette triste histoire ? me répondit le pauvre garçon. Comment pourrais-tu t'échapper de cette cellule ? En réunissant tous deux nos forces, nous ne parviendrions seulement point à ébranler la porte massive, assujettie au dehors par de lourds crochets de fer, et le bruit résultant de notre tentative réveillerait nos compagnons. Pour arriver jusqu'à toi, j'ai attendu leur sommeil ; avec mille précautions, j'ai ouvert la lucarne, et me suis risqué sur le toit afin de te rejoindre. Je supposais que Fritz t'avait enfermé ici et je mourais d'inquiétude sur ton sort. Il est sorti ce soir ; j'ai entendu sur l'escalier son pas pesant : c'est la nuit de Noël, il espère peut-être quelques bons profits.

— Fort bien, dis-je en l'interrompant ; cette absence même favorise mes projets. Pourquoi ne pas m'enfuir en prenant ce chemin que tu as pris toi-même ? Et puis, vois-tu, Martin, je veux t'emmener avec moi. Si tu refuses, je reste ; mais il adviendra de Jean ce qu'il est advenu du pauvre Rudolphe.

— M'enfuir ? moi ! mais si notre tentative échouait ; le maître nous tuerait tous deux !

— Pourquoi échouerait-elle ? Je mourrai ici, je le sens. Es-tu prêt, ami, ou faut-il me résigner à subir le triste sort de Rudolphe ?

— Ah ! tu sais que c'est le plus sûr moyen de me décider à te suivre. Mais comment nous sauver ? Si nous retournions à la salle commune, elle est fermée comme celle-ci ; sans quoi je n'aurais pas pris ce chemin pour arriver à toi.

— C'est vrai, fis-je avec désespoir. Comment faire alors ?

« — Il y aurait peut-être un moyen, mais si périlleux que je n'ose te le proposer.

— Parle, parle donc. Tout, excepté rester ici.

— A l'extrémité de la maison est un grenier abandonné où le maître a enfermé Fidèle. Demain, il a l'intention de s'en défaire en vendant le pauvre animal, qui est inabordable depuis ta réclusion. Eh bien, ce grenier se ferme par une barrière en ruine qu'il nous sera facile d'ouvrir. Une fois le seuil franchi, le plus redoutable est fait. Nous atteignons la porte de sortie : je connais le secret qui la retient à l'intérieur; je le fais jouer, nous sortons; une fois dans la rue nous sommes sauvés. »

Je fis un bond et me jetai au cou de Martin.

« Oh ! c'est parfait, c'est parfait ! A l'œuvre donc sans perdre de temps, et que le Ciel nous protège !

— Un mot encore, dit-il, en posant sa main sur mon bras : c'est ta vie que tu joues peut-être. La pente du toit est raide : te sens-tu assez sûr de tes forces, de toi-même, pour risquer une telle entreprise ?

— Je te l'ai dit : Tout, excepté cette prison. D'ailleurs, à la volonté de Dieu ! »

Et me jetant à genoux en entraînant mon ami, nous demandâmes au Seigneur, par une fervente prière, la grâce de sortir sains et saufs de cette demeure maudite.

Puis, Martin, le premier, se hissa jusqu'au toit. Je le suivais, moins agile, mais bien déterminé à la fuite. En un clin d'œil nous nous trouvâmes assis près de l'ouverture, et là, mon ami m'expliqua à voix basse la manière de me tenir en équilibre en posant les pieds d'une certaine façon; il m'indiqua aussi le chemin à suivre et le point d'appui que devaient me fournir les tuyaux des cheminées.

Il fait froid, très froid.

Nous regardons un instant les lourds nuages noirs qui assombrissent le ciel et pas une étoile n'apparaît au-dessus de nos têtes.

L'âpre et rude vent d'hiver me souffle au visage, mais sans parvenir à rafraîchir mon front brûlant.

De grosses paillettes blanches commencent à tomber ; rares encore, heureusement, sans quoi nous ne pourrions nous aventurer sur un toit couvert de neige.

Déjà nous sommes debout, nous encourageant à voix basse.

La pente de la toiture est peu rapide à cet endroit ; mais, tout près de là, elle s'incline brusquement et se termine par un chenal en mauvais état, qui touche la lourde corniche surmontant la maison.

Malgré cela, dès que nous essayons d'avancer le pied, nous voyons qu'il nous est impossible de marcher comme sur un terrain plat.

Martin, le premier, s'agenouille, et nous nous traînons de cette sorte, lentement, prudemment, en nous retenant aux ardoises.

Nous franchissons ainsi la moitié de la distance qui nous sépare du but où tendent tous nos efforts.

Peu à peu je m'enhardis, à mesure que la délivrance approche. Courage, Jean ! Les Hébreux arrivés au seuil de la terre promise ne sentirent point tressaillir leur cœur avec plus de force et d'allégresse que tu ne sens battre le tien en apercevant cette bienheureuse lucarne que tu atteindras bientôt.

Malheureusement, mes regards ne se sont point arrêtés seulement à l'étroite fenêtre. Presque involontairement ils ont embrassé ce qui nous environne et, au loin, tout autour de moi, à mes pieds, mes yeux ont contemplé un instant des lumières innombrables, brillant comme autant de phares dans la sombre nuit.

Je n'avance plus et je regarde toujours. En vain je voudrais ressaisir ma volonté ; je demeure comme fasciné, ébloui, et un dangereux vertige s'empare de tout mon être.

Ces points lumineux m'attirent fatalement, comme l'aimant attire le fer ; j'oublie le danger qui me menace, la position et le lieu où je me trouve. Mon cerveau, affaibli par la privation de nourriture, communique à mes yeux une illusion étrange. Ces lumières lointaines vont, viennent, s'agitent, tournoient, comme de vrais feux follets. La toiture qui nous supporte semble également se mouvoir. Mon corps est comme paralysé ou endormi, ma langue muette, et mes doigts, se desserrant peu à peu, abandonnent le point d'appui auquel ils s'accrochaient.

Martin, lui, a continué sa route croyant que je le suis toujours. Atteignant le but, il pousse une exclamation de triomphe, puis se retourne pour me tendre la main.

Que voit-il ?

Jean est resté stationnaire ; il semble comme frappé de la foudre et son corps glisse peu à peu vers l'abîme.

Une seconde encore, la pente va devenir plus rapide ; c'en est fait de lui.

Martin, éperdu, pousse un cri de détresse. Ce cri est si poignant, il respire une si horrible angoisse que, soudain, je redeviens moi-même.

Au hasard, je jette en avant mes mains défaillantes et, par une faveur de la bonté divine, elles rencontrent un de ces crochets de fer auxquels les ouvriers retiennnent leurs échelles pour réparer les toitures. Toute l'horreur du danger se présente seulement à mon âme.

Mes doigts, crispés douloureusement, enserrent, par une étreinte

convulsive, ce faible soutien auquel je reste presque suspendu. En
vain, mon pauvre ami m'appelle ; en vain sa voix se fait tour à tour
tendre et suppliante, ferme et presque sévère. En vain me conjure-

Toute l'horreur du danger se présente seulement à mon âme.

t-il, par notre affection mutuelle, de prendre courage ; en vain,
exposant sa vie pour sauver la mienne, descend-il jusqu'à moi en
me tendant une main secourable : je n'ose faire un mouvement ni
lâcher le crochet de fer.

Pourtant, la fatigue envahit tout mon corps ; le froid engourdit mes doigts tremblants, et je ne les sens presque plus ; la sueur coule de mes tempes, une sueur glacée comme celle de l'agonie ! Cependant, je reste immobile.

Soudain, un joyeux carillon éclate dans l'immense ville.

Les notes argentines des petites cloches se marient à d'autres plus graves, et s'allient harmonieusement à la voix de basse-taille des solennels bourdons.

Ah ! oui, c'est vrai : cette nuit est la nuit de Noël, et la joyeuse sonnerie appelle tous les hommes aux pieds de l'Enfant-Dieu. Elle annonce à la terre, comme le fit autrefois le chant des anges, le mystère d'amour s'accomplissant dans une crèche. D'une façon distincte, je crois entendre ces paroles :

« Réjouissez-vous, voici le Rédempteur ! Il ne vient pas seulement pour les heureux du monde, mais surtout pour les pauvres, les petits, les faibles, les abandonnés, les enfants. »

Et des quatre coins de Paris, elles se répondent avec allégresse, et toutes, toutes, répètent la même chose. Puis, dominant les autres, l'une d'elles plus douce, plus tendre, plus suave encore et ressemblant à la voix d'une mère dit : « Courage, courage, je veille sur toi ! »

Mon âme rassurée est saisie d'une confiance invincible. Mon cœur s'élance, par une muette prière, vers Celui qui peut tout et qu'on nomme le Tout-Puissant. Je me sens protégé, soutenu par une main divine, et le charme qui me rivait à cette place se trouve rompu. Lentement, sûrement, je remonte sur ce chemin rapide. Martin me voit, m'encourage, tout tremblant d'une émotion bien naturelle. Un pas encore, je touche sa main ; il m'attire à lui en se retenant à la lucarne : nous sommes sauvés !

XVIII

« Libres ! » Ce cri s'échappe de notre poitrine haletante et un joyeux aboiement de Fidèle y répond.

Le pauvre animal manifeste une joie folle en revoyant son maître.

Il se roule à mes pieds, puis s'élance jusqu'à mon épaule, et je sens sa langue douce et chaude passer à plusieurs reprises sur mon visage. Les larmes m'arrivent aux yeux en recevant ces témoignages d'un bonheur qui touche au délire. Je lui dis quelques paroles en le flattant de la main, ensuite je prononce un : « Silence ! » que Fidèle connaît bien et auquel il se conforme toujours.

Cette fois, il se range à mon côté. Martin a poussé la barrière qui a cédé au premier choc et nous descendons rapidement, sans mot dire, l'étroit escalier.

Nos doigts ont saisi la corde graisseuse qui sert de rampe. Il fait nuit, et cette nuit est si sombre que nos yeux, accoutumés à l'obscurité, ne peuvent même point la percer pour nous entrevoir

10

mutuellement. Nous descendons, descendons encore ; enfin nos pieds rencontrent la dernière marche et, à tâtons, nous voilà engagés dans la longue allée humide aboutissant à la porte de sortie.

Mais Fidèle grogne sourdement, et avant que j'aie pu lui imposer silence, la lourde porte a tourné sur ses gonds.

La terreur nous cloue sur place. Faut-il avancer ? Pourrions-nous reculer encore ? Où nous cacher pour ne pas être aperçus ?

Hélas ! c'est inutile, nous sommes découverts. Le chien, qui ne nous sait pas en fraude, pousse des aboiements furieux ; une exclamation étouffée retentit, pendant que la lumière d'une lanterne sourde vient éclairer le corridor sombre : c'est Fritz ; nous sommes perdus ! Nous l'avons deviné avant de le reconnaître. Il dirige vers nous les rayons de sa lanterne dont une faible lueur éclaire son visage, et une expression de férocité passe sur sa figure que décompose la fureur. Je vois qu'il se demande comment, et par quel moyen, nous avons pu sortir, moi de ma prison, mon ami du dortoir commun où il était enfermé.

Ce problème, insoluble pour lui, ne le rend que plus terrible. Je me souviens de la parole prononcée par Martin : « Si nous sommes surpris, il nous tuera ! » et, ne pensant qu'au pauvre enfant dont je n'ai pas voulu me séparer, j'essaye d'attirer sur moi la colère du maître.

Précipitamment, je me place devant mon ami, comme pour lui faire un rempart de mon corps :

« C'est moi, dis-je, en regardant Fritz bien en face, c'est moi qui l'ai forcé à me suivre. Il ne songeait pas à partir ; cependant, il était bien malheureux ! »

Cette fois, je crus vraiment avoir prononcé ma dernière parole. Le visage blême de notre ennemi, éclairé par un rayon blafard de sa lanterne sourde, me semble plus effrayant encore. Il s'approche de moi et sa voix, rendue méconnaissable par la rage qui l'étouffe, tremble en disant ces mots :

« Serpent réchauffé à mon foyer, maudit soit le jour où tu es entré sous mon toit ! Tu vas partir? va, je ne te retiens plus. Mais jamais, entends-tu? jamais ne te retrouve sur mon passage ! »

Et avant que j'aie pu me rendre compte de ses intentions, il me saisit rudement par les épaules et me précipite avec violence dans la rue.

Fidèle me suit, à moitié assommé par un coup de bâton qui le fait hurler de douleur, et tous deux, affolés, nous croyant poursuivis, nous nous sauvons comme des fous.

Mon cerveau en feu semble ouïr dans la nuit une plainte déchirante. Je frappe ma poitrine, m'accusant de causer la mort de tous ceux qui me sont chers. Dans ma fuite inconsciente, quittant les rues fréquentées, je cours au hasard, jusqu'à ce que, épuisé, haletant, fou de désespoir, je ralentis enfin mon allure et me demande ce que je vais faire.

Mon projet primitif, celui que je n'avais même point développé à Martin, était d'aller frapper à la porte du prêtre, cette porte qui s'ouvrait toujours au malheureux ! Comment l'atteindre maintenant ? Où suis-je? La nuit est sombre; les becs de gaz, devenus rares, éclairent à peine la rue déjà recouverte d'un léger tapis blanc. J'ai faim ! Là, au creux de l'estomac, un feu ardent me dévore, et Fidèle, mon pauvre Fidèle, essaye de trouver dans les tas d'ordures un os à ronger, car, lui aussi tombe d'épuisement.

Tout est gelé et recouvert de neige. Il gémit en me suivant, et je marche, je marche toujours.

Nous ne rencontrons plus de passants. Lorsque je vois poindre l'uniforme d'un sergent de ville, je me cache comme un maraudeur, tellement je redoute d'être arrêté par eux.

Je ne peux songer maintenant à atteindre l'abri sauveur. Demain, quand le jour paraîtra, que j'aurai pu reposer mon corps meurtri, épuisé par deux nuits sans sommeil, je pourrai seulement entreprendre cette course. Aujourd'hui, ce soir, il me faut chercher un refuge pour y dormir une heure.

Oui, je me rappelle être venu jusqu'ici au commencement de mon séjour chez mère Litz. Il y avait des maisons en démolition, d'autres construites à demi... courage, encore ! Je vais pouvoir m'étendre et me dérober un peu à l'action de ce froid qui engourdit mes membres. Je serre autour de ma poitrine ma pauvre veste en lambeaux, dans laquelle vient s'engouffrer le vent qui me frappe au visage.

Mais les maisons se sont construites comme par miracle. Elles sont fermées, bien qu'inhabitées encore, et je tâche vainement d'ouvrir maintes portes, à peine ébranlées par mes efforts impuissants.

C'est fini, je ne puis plus avancer. Mon énergie, épuisée par cette déception nouvelle, ne me porte point à retourner sur mes pas. Çà et là, sur cette route déserte, des arbres, semblables à de gigantesques fantômes, présentent à mes regards leurs longs rameaux couverts de neige. Le silence, l'immobilité partout. Le bruit de mes pas ne résonne même plus sur le moelleux tapis qui va s'épaississant de plus en plus.

Oh ! je veux m'asseoir ! m'asseoir et dormir un peu. Laisse-moi, Fidèle ; va où bon te semble, puisque tu gémis ainsi. Mais moi, je reste à cette place ; non, je n'irai pas plus loin. Vois ! j'ai trouvé un siège, presque un lit, dans ces bois superposés destinés aux maisons nouvelles… Je tombe comme une masse malgré les plaintes du pauvre chien. Ses aboiements me fâchent : j'essaye de lui imposer silence ; mais cela même, je ne le puis plus. Mes paupières alourdies se ferment déjà et je le sens qui grimpe sur mes genoux

Je le sens qui grimpe sur mes genoux.

et cache sa tête sur ma poitrine. Une somnolence irrésistible s'empare de moi. Ce n'est pas le sommeil, tel qu'on le sent venir en se blottissant dans un bon lit, mais plutôt un engourdissement étrange, qui, s'emparant d'abord de mon cœur, envahit peu à peu tout mon être.

Des visions surprenantes hantent mon cerveau troublé et ces

rêves me reportent aux jours de mon heureuse enfance. Je revois la chaumière, blanche et coquette, toute tapissée de houblon verdoyant. Les mignonnes et moi, nous jouons en nous poursuivant avec de gais éclats de rire. Mon père, ma mère, nous regardent avec bonheur, la main dans la main, comme autrefois avant l'affreuse guerre.

Puis, subitement, la scène change.

Il fait froid ; c'est la nuit de Noël, et, tous ensemble, nous assistons à la messe de minuit. Les voix s'élèvent au ciel dans un chant d'allégresse et ma voix enfantine redit aussi : *Gloria, Gloria !* Il me semble alors qu'il me pousse des ailes. Je vois des êtres qui voltigent au-dessus de moi en me faisant signe de venir les rejoindre. Ils sont beaux ; leur visage s'illumine d'un rayonnement si doux ! la tunique légère qui forme leur parure est parsemée d'étoiles, empruntées au firmament. Je veux rejoindre la céleste cohorte ; je m'élance, et déjà je plane au sommet des voûtes sacrées. Un effort, un seul, je vais les atteindre ; mais un sanglot me force à baisser les yeux. Ce sanglot a été poussé par ma mère ; son visage est baigné des larmes de la douleur. Elle aussi me tend les bras dans une supplication muette. A sa vue j'oublie tout : le ciel entr'ouvert, la glorieuse phalange des esprits bienheureux. Je redescends vers elle, et ses bras caressants, m'étreignant avec transport, me réchauffent en m'attirant sur son cœur.

XIX

SAUVÉ

Est-ce un mauvais rêve ?

Je viens d'entr'ouvrir les yeux et d'apercevoir des visages inconnus qui se penchent sur moi avec anxiété.

Où suis-je ?

Quelle est cette chambre ?

Je ne me suis pas endormi cependant dans ce beau lit où s'étendent mes membres fatigués, et c'est bien la flamme bienfaisante d'un grand feu qui vient communiquer à mon corps une douce et agréable chaleur.

De nouveau j'ouvre les yeux. On s'empresse autour de moi.

« Fidèle ?... » dis-je.

Un aboiement joyeux me répond. Le pauvre chien s'élance d'un bond sur le lit, et, tout tremblant, me lèche la figure en poussant des cris de bonheur.

Je l'entoure de mes bras, lui rendant caresses pour caresses, et ceux qui m'entourent ont de grosses larmes dans les yeux.

Je veux me soulever sur mon coude, mais je suis comme engourdi, paralysé, et ce mouvement m'arrache un cri de douleur.

« Reste tranquille, petit, » me dit d'un ton d'autorité un vieux monsieur en habit noir, qui m'a pris le poignet dans une de ses mains et me considère attentivement à travers ses lunettes d'or.

Puis il se retourne vers les autres personnes :

« Le pouls est faible encore, dit-il, mais il est sauvé. Un peu de nourriture à ce garçon ne lui ferait pas de mal. Depuis quand n'as-tu pas mangé, mon enfant? » ajoute la voix compatissante.

Et moi, rougissant comme un coupable, j'avoue avoir pris seulement un petit morceau de pain noir dans l'espace de deux jours.

Une jeune dame pousse une exclamation de pitié et se précipite dans la pièce voisine, d'où elle revient avec un plateau couvert de mille choses appétissantes.

« Un instant, un instant, s'il vous plaît! dit le monsieur aux lunettes d'or, il ne faut pas l'étouffer maintenant. Des précautions, madame, des précautions pour l'estomac comme pour tout le reste pendant quelques jours. C'est égal, l'enfant a du bonheur, grâce à vous! Un instant de plus...

— Dites grâce à Dieu! docteur, reprit un vieillard à longue barbe blanche et qui tenait sur ses genoux un garçonnet paraissant de deux ou trois années plus jeune que moi. Je ne sais quelle inspiration secrète nous a fait prendre ce chemin, en revenant de la messe de minuit, pour regagner notre maison. Le froid est rigoureux cependant, et cette route est plus longue; peu s'en est fallu même que nous ne passions sans le voir...

— Et c'est moi, grand-père, dit vivement le petit-fils, c'est moi qui ai eu le bonheur de l'apercevoir le premier. Je voyais une grosse

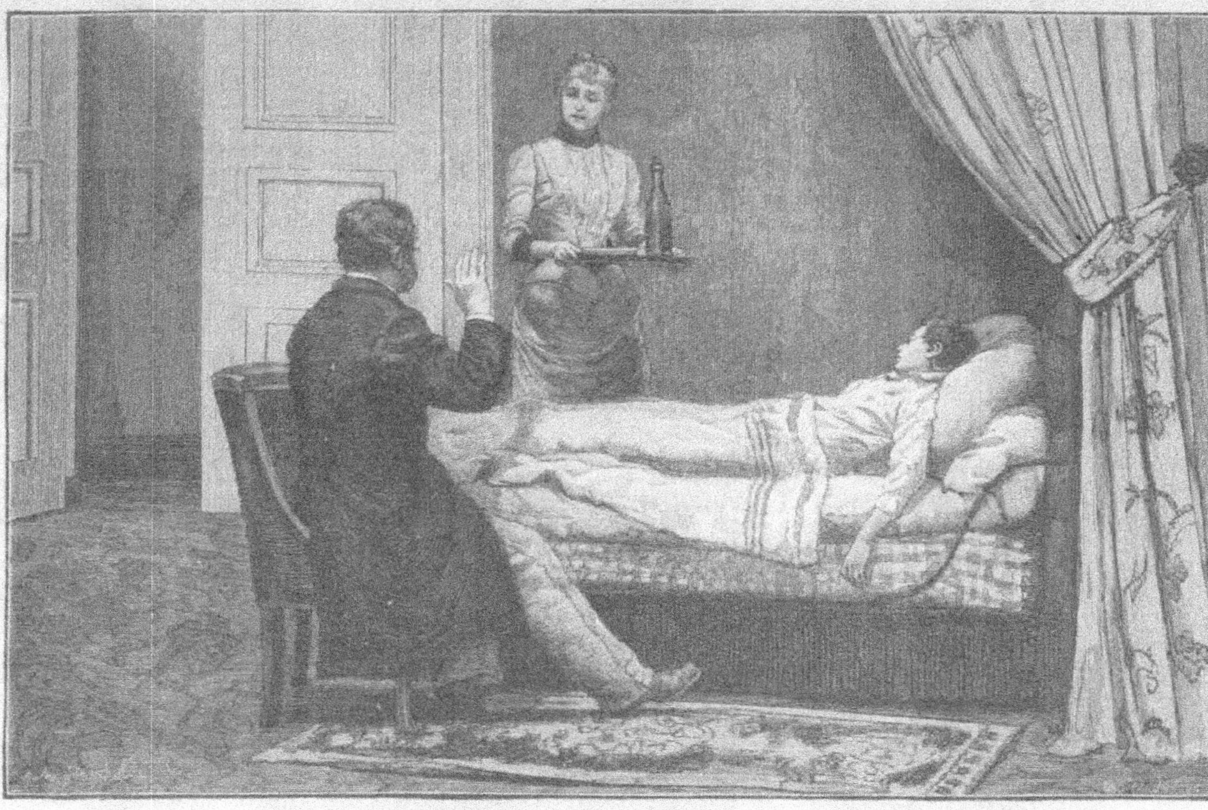

« Un instant, un instant, s'il vous plaît, » dit le monsieur aux lunettes d'or.

masse noire à demi recouverte de neige, je vous attirai de ce côté et vous disiez : « Viens, dépêchons-nous. »

— Oui, et cette fois, Charles, tu as bien fait de me désobéir.

— Et comme nous avons eu peur ! L'enfant était froid et son pauvre chien gémissait...

— Sans ce chien, dit le docteur, nous ne l'aurions pas rappelé à la vie. Couché sur la poitrine de son maître, il a pu y maintenir un peu de chaleur. Maintenant du calme, du repos, n'est-ce pas ? Avant de me retirer, je veux assister au repas de ce bonhomme. »

Un domestique venait d'apporter un potage fumant. Mes yeux brillaient de convoitise et j'aspirais avec délices cette odeur appétissante. Si on m'eût laissé faire, je me serais précipité sur la nourriture dont j'avais si grand besoin. Mais le docteur, tout en me donnant, de sa main gauche, de petites tapes amicales sur l'épaule, me forçait à boire lentement et à petites gorgées.

Une chaleur réparatrice vint se répandre dans tout mon corps.

Toute bienfaisante qu'elle fût, une fatigue extrême s'empara de moi.

Mes yeux se refermèrent à moitié et je n'entendis plus que confusément la conversation générale.

Une seule exclamation de bonheur parvint encore franchement à mes oreilles, c'était la voix de l'enfant blond, qui répétait joyeuse :

— Ah ! le beau Noël ! le joli Noël ! Comme je vais remercier le petit Jésus du présent qu'il m'a fait !

Je dormis longtemps, longtemps, car il faisait grand jour lorsque je me réveillai. Toutes les souffrances de la veille se représentèrent avec force à mon imagination. Je me rappelai les événements de cette affreuse soirée ; mon rêve même, ce beau rêve qui me montrait le ciel tout présent à ma mémoire. Est-ce donc bien une larme de ma mère qui m'a rappelé ici-bas ? Oh ! oui, je le crois. Je suis utile encore, du moins je voudrais l'être : les mignonnes n'ont plus que moi et il me faut travailler pour elles. Pauvre Jean ? es-tu guéri de tes rêves de fortune ? Ne chercheras-tu plus à gagner beaucoup, et rapidement, sans travailler, comme tous doivent le faire ? Non, non ! la leçon a été rude et j'ai au cœur une plaie qui ne se fermera point : ma mère est morte ! mon ami est perdu pour moi !

Ces déchirants souvenirs m'arrachent encore des larmes. Cependant je me lève, tout chancelant sur mes jambes, et me revêts de mes habits placés à mes côtés. Fidèle dort toujours paresseusement :

« Viens, Fidèle, viens ! il nous faut partir !»

Et à cette parole que j'ai prononcée à haute voix, une autre voix me répond :

« Où iras-tu ? que feras-tu pour gagner ta vie ? »

C'est le grand vieillard qui m'a parlé ; car il vient d'entrer dans la chambre, accompagné de Charles, mon sauveur.

— Oui, partir, dis-je, mais non pas sans vous remercier de ce que vous avez fait pour le pauvre enfant.

— Tu as donc des parents ? Vas-tu les retrouver ?

— Hélas ! je n'ai personne à Paris. Je suis Alsacien, mon père a été tué en défendant Strasbourg et je suis venu dans la grande ville pour gagner quelque argent afin de soutenir ma famille.

« Depuis lors, ma mère est morte, ainsi que l'amie à laquelle elle m'avait confié, et ma désobéissance, mon peu de respect pour ses recommandations m'ont conduit ici. »

Et, sanglotant au souvenir de mes malheurs, je raconte d'une voix entrecoupée, au vieillard attentif, mon séjour chez Fritz, ma maladie, l'amitié qui m'unissait à Martin, ma résistance aux ordres du maître, mon évasion, la terrible rencontre.

« Le reste, vous le savez, monsieur, continuai-je. Sans vous, que la Providence a placé sur mon chemin, je n'existerais plus. Soyez béni, mille fois béni ! car mes pauvres petites sœurs seraient maintenant presque seules au monde.

— En t'évadant, où pensais-tu chercher un asile ?

— Chez un prêtre qui a été bien bon pour moi et que j'ai connu encore étant chez mère Litz.

— Bien. Je verrai ce prêtre. En attendant, tu es mon prisonnier. Cette fois la réclusion te paraîtra-t-elle trop sévère ?

— Oh ! non, oh ! non, monsieur ; tout ce que vous voudrez et comme vous le voudrez. Je suis heureux de rester quelques heures de plus avec vous.

— Aujourd'hui c'est Noël, je ne trouverais pas ton protecteur ; demain seulement j'irai le chercher, et toi, mon garçon, pendant que nous irons à l'église, tu vas rester bien chaudement près du poêle, le médecin l'a ordonné. Tu dois avoir faim aussi ? car ton repas de la nuit n'a pas été très copieux. Mon domestique te donnera ce dont tu auras besoin. N'abuse de rien, sois obéissant et au revoir ! »

Ah ! oui, je ne demandais qu'à obéir, et ce bon vieillard m'inspirait tant de respect et de confiance, que j'aurais voulu qu'il exigeât de moi des choses très difficiles, pour avoir le bonheur de lui montrer une soumission méritoire.

Ce qu'il exigeait était plutôt un plaisir qu'un ennui. Rester près d'un bon feu, pendant qu'au dehors la neige tombait toujours et que le vent faisait rage, puis me voir offrir, ni plus ni moins que si j'eusse été un prince, une grande tasse remplie d'un délicieux café et accompagnée d'un petit pain mollet à la croûte dorée, le tout disposé avec symétrie sur un grand plateau qui brillait comme de l'argent ! tout cela n'était-il point un rêve.

Tout d'abord je craignis de toucher à ce festin. Mon estomac criait pourtant famine ; mais je me sentais pénétré d'un si grand respect pour ce plateau, pour cette tasse de porcelaine à fleurs, et même pour ce petit pain couleur d'or, que je n'avançais point la main.

Le domestique m'intimidait également. Être servi, moi, pauvre enfant, la veille sans asile, par un beau monsieur en habit noir et la serviette au bras ! tout cela ne tenait-il pas du prodige ?

Heureusement que François, comme l'avait appelé son maître, voulant sans doute vaincre mon embarras, me fit mille questions auxquelles la politesse m'obligeait de répondre. Tout en parlant, j'attirai près de moi la jolie tasse dont j'épuisai rapidement le contenu, une fois que je me fus décidé à y goûter.

Resté seul, je me reprochai d'être trop heureux et de trouver trop de jouissance à me sentir protégé, soigné, lorsque mon pauvre ami avait peut-être pris ma place dans cette affreuse prison, de laquelle j'avais voulu fuir. Je frissonnais encore en songeant à la lutte soutenue contre les rats, au saisissement affreux causé par l'arrivée de Fritz. O Martin ! Martin, qu'es-tu devenu ?

Et mes larmes coulaient, abondantes, sans que je songeasse à les retenir.

Mon sauveur me surprit ainsi.

« Voyons, me dit-il, pourquoi pleures-tu encore ? »

Rougissant, confus, tellement je tremblais qu'on n'attribuât mon chagrin à une ingratitude bien loin de ma pensée, je me hâtai d'en expliquer la cause.

« Je te promets de m'occuper aussi de Martin, ajouta M. Dubois

— c'était le nom du vieillard. — Seras-tu plus tranquille maintenant ? »

Oui, j'étais plus tranquille ; mais que le jour suivant me parut
long à venir ! Comme je priai avec ferveur ! comme je demandai à
Jésus enfant de protéger cet autre enfant que j'aimais à l'égal
d'un frère !

XX

LE VEUX-TU?

La journée se passa ainsi. Je ne ressentais presque plus de fatigue ; sans une légère courbature et de rares élancements dans la tête, je me serais trouvé tout à fait bien, et j'avais un grand désir d'accompagner le lendemain mon protecteur, M. Dubois, dans les recherches qu'il voulait entreprendre.

Cependant, jamais je n'aurais été assez hardi pour lui en exprimer le désir. Il semblait très bon, mais très ferme tout à la fois, et je pensai raisonnablement qu'il savait mieux que moi-même ce qui m'était bon et utile. La jeune dame et Charles, l'enfant de la maison, revinrent me voir. Ce dernier passa avec moi une grande partie du jour, et, tout aimablement, me demandait sans cesse si j'avais froid ou faim. Il se regardait comme chargé par le bon Dieu de me soigner à lui seul, puisqu'il m'avait aperçu le premier, et il me considérait comme un présent de Noël.

Sa mère souriait de son empressement ; elle lui avait permis de me montrer la petite pièce que je devais occuper jusqu'à nouvel ordre. Bien entendu, Fidèle et moi n'avions pas été séparés, et le bon animal contemplait avec autant d'admiration que je pouvais le faire les beaux appartements dont le confortable était si nouveau pour nous.

Mais, tandis que mes pieds ne se posaient que timidement sur les tapis moelleux, parsemés de fleurs éclatantes, Fidèle, moins réservé, embrassant tout d'un coup d'œil, avait sauté sans façon sur le meilleur divan, où il s'établissait en se pelotonnant sur lui-même, ce suprême bonheur de tous ses congénères. Je l'aperçus, et, honteux de ce sans-gêne, j'allais lui donner une leçon de savoir-vivre; mais Charles arrêta mon bras, déclarant que le maître et l'ami dévoué devaient jouir chez lui de toutes leurs aises.

Fidèle, se voyant soutenu, resta où il se trouvait si bien, et je remis à un autre moment la mercuriale que je voulais lui adresser.

La jolie chambrette que celle où mon lit fut installé! Tout y était blanc : les rideaux drapés aux fenêtres, les housses recouvrant les meubles, la tapisserie même aux reflets satinés et dont le fond s'égayait de délicates étoiles d'or. A mon chevet, un ange au visage souriant, aux ailes éployées, semblait protéger cette retraite; ce fut sous sa garde que je dormis cette nuit-là, et, à mon réveil, Charles était près de moi, m'annonçant que son grand-père venait de sortir pour les recherches promises.

Allais-je avoir des nouvelles de Martin?

Une crainte vague me serrait le cœur, et les heures de cette matinée me parurent interminables. Lorsque la porte extérieure s'ouvrait ou se refermait, j'éprouvais des tressaillements involontaires; et quand je reconnus enfin le pas du vieillard, mes jambes tremblantes refusèrent de me soutenir; puis, l'angoisse me prenant à

la gorge, je ne pus prononcer une parole pour accueillir mon bienfaiteur.

Les nouvelles ne devaient pas être satisfaisantes; je le vis tout
de suite à l'air désappointé de M. Dubois. Craignant de l'interroger,
j'attendais en silence qu'il prît la parole.

Il avait sauté sans façon sur le meilleur divan...

« Mon enfant, me dit-il, le bon abbé, ton protecteur, a quitté
Paris depuis peu et son absence se prolongera sans doute plusieurs
mois.

« Voici le résultat de mes autres investigations. Je me suis rendu
à l'adresse indiquée par toi et, entrant dans la maison habitée par
Fritz, je m'engageai dans cette allée sombre, humide, interminable
que tu m'as décrite hier. J'arrivai enfin à cette petite cour où l'on

ne voit pas clair en plein midi. Un homme, à genoux sur le pavé, triait des chiffons en s'éclairant d'une lanterne.

« Maître Fritz? lui dis-je.

« Avant de me répondre, il éleva sa lanterne à la hauteur de ses yeux, puis, m'ayant considéré, il la reposa près de lui et répondit d'un ton bourru :

— Au cinquième, la porte à droite.

— Est-il chez lui ?

— Est ce que je le sais ? Montez vous-même, vous le verrez bien.

« Le début me semblait peu engageant et la perspective de monter au cinquième ne réjouissait pas mes pauvres vieilles jambes.

« Arrivé au terme de cette ascension, je heurte à plusieurs portes : pas de réponse. Redescendant un étage, je frappe à tout hasard à un logis dans lequel je croyais entendre remuer. Au lieu d'ouvrir, on pousse précipitamment les verrous, et personne ne se montre malgré mes appels réitérés. J'allais redescendre encore, lorsque, par une porte entrebâillée, se montra une tête entourée d'un foulard déchiré, et une voix chevrotante me dit, entre deux quintes d'une opiniâtre toux.

— Que venez-vous... chercher ici ?...

— Maître Fritz, ma bonne femme.

— Allons donc !... ne faites pas le malin. Vous savez bien que la *rousse* l'a emmené hier au soir.

« Je protestai vainement de mon ignorance. Une toux moqueuse, interminable, me répondit seule. A bout d'arguments, je demandai où étaient les enfants.

— Vous voyez bien, dit la voix, vous en êtes aussi. A chacun ses affaires ! La Frimbole n'est pas une sainte et ne pense guère au paradis ; c'est bon pour les riches ! mais à coup sûr elle ne trahit personne et se laisserait plutôt couper la langue. Cherchez vous-même, monsieur l'agent. Et la porte se referma à mon nez.

« Il ne me restait qu'à sortir de cette demeure : car il était évident que je n'en apprendrais point davantage. De là, je me rendis au bureau de police et je sus qu'un vol important ayant été commis la veille de Noël, vers le soir, un des voleurs avait été pris comme il fuyait, moins leste que ses compagnons. Ce filou dénonça ses complices : presque tous purent être arrêtés immédiatement, et Fritz, faisant partie de la bande, s'était vu saisir, au petit jour, comme il se disposait à sortir de sa demeure. Les enfants, dont la plupart étaient connus de la police, avaient été emmenés pour subir un interrogatoire. Je donnai le signalement de Martin : il ne s'y trouvait pas. Deux commissaires retournèrent avec moi dans la maison que je venais de quitter. D'autorité, on ouvrit toutes les portes : personne, et pas d'indices pour nous mettre sur la trace de celui que nous cherchons !... »

J'étais atterré.

Qu'était devenu mon ami ?

Mille horribles suppositions venaient torturer mon cœur.

Cruelle incertitude ! Bienheureux sont ceux qui n'ont jamais eu à trembler sur le sort d'un être chéri ! Aucune torture n'égale cette pensée : — Où est-il ? Mon Dieu ! Avez-vous permis que Fritz pût exécuter ses terribles menaces ? Rien ne vint le prouver, comme rien non plus ne put calmer mes inquiétudes. Plusieurs jours s'écoulèrent ainsi.

Un soir, me croyant seul, je donnais un libre cours à mes larmes, et, absorbé dans mon chagrin, je n'entendis pas entrer M. Dubois.

Je tressaillis au contact d'une main se posant sur mon épaule.

« Pauvre enfant, me dit-il, je comprends ta peine ; tu l'aimais donc bien ?

— Ah ! si je l'aimais ! Il était si bon, si doux, si honnête, et il m'avait soigné avec tant de dévouement lorsque j'étais malade ! Si je pouvais espérer seulement qu'il a réussi à fuir ! Combien j'ai été plus heureux, monsieur ! sans vous que serais-je devenu ? »

Mon sauveur me considérait attentivement.

De nouveau sa main caressante se posa sur ma tête et sa voix grave ajouta :

« Prie pour lui, mon enfant. Le Seigneur n'abandonne pas ceux qui souffrent et Martin avait confiance en lui. Tôt ou tard, tu auras de ses nouvelles ; une pensée intime m'en donne l'assurance. Et maintenant, parlons un peu de toi. Que répondrais-tu si l'on venait te dire : J'ai trouvé un sûr abri pour ta jeunesse, et un protecteur sage et ferme qui veut te guider dans les sentiers du bien. Il ne vient point te parler de fortune, c'est encore moins la paresse qu'il te propose ; mais en revanche, il t'offre le travail. Si tu acceptes, il y aura de la peine à prendre ; chaque jour verra renaître la tâche, pénible parfois, fatigante toujours. Seul un labeur honnête, et souvent difficile, te donnera le pain de l'existence, pour toi d'abord, pour ta famille ensuite, si tu t'acquittes bien de ta besogne. Eh bien ! mon petit Jean, je suis ce protecteur ; tu as entendu ma proposition. Réponds-moi : le veux-tu ? »

Le veux-tu ?... Mes yeux parlèrent pour moi, car ma langue était paralysée par l'émotion. Un protecteur ! quel bienfait du ciel ! et pour comble de joie, ce protecteur serait mon sauveur lui-même ; ce vieillard si bon, si respectable, pour lequel je n'éprouvais pas seulement une reconnaissance banale, mais une affection, une gratitude profonde qui envahissait toute mon âme : il venait m'offrir le travail ! Ce travail, je le réclamais à grands cris. N'était-ce point un beau rêve, après toutes mes souffrances ? Par un mouvement de reconnaissance spontané, je saisis sa main et, ardemment, j'y appliquai mes lèvres.

Le vieillard était ému, aussi ému que moi-même.

« Mon enfant, dit-il encore, à ton âge je me trouvai comme toi orphelin, seul sur cette terre. Mon père était bûcheron et fut écrasé par la chute d'un arbre ; au printemps qui suivit, ma mère mourut, épuisée de travail et de douleur. Le triste jour que celui où, revenant du cimetière, je me trouvai, à treize ans, sans amis, sans famille qui pût me venir en aide ! Le village était pauvre et on me voyait si délicat, si faible, que nul n'aurait voulu m'employer aux rudes travaux des champs.

« Résolument, j'essuyai mes pleurs en me disant que jamais je ne mangerais le pain de l'aumône, et, quittant ma Lorraine, — nous sommes presque frères, tu le vois, — je me dirigeai vers la grande ville.

« Quelle longue route et que mes jambes étaient petites ! continua le vieux monsieur. Pendant le jour, je marchais autant que j'en étais capable ; le soir venu, j'obtenais parfois l'hospitalité dans une grange ou je dormais à la belle étoile. Pour nourriture, j'avais emporté une grosse miche, donnée à mon départ par une voisine charitable. Quand elle se fut durcie, je la trempais pour l'amollir à l'eau des ruisseaux ; parfois, j'y joignais un fruit que me glissait dans la main une compatissante fermière. « Pauvre petit ! » disait-elle. Puis je lisais dans ses yeux cette pensée : Si mon fils se trouvait abandonné comme lui ! — Et, pour que Dieu préservât d'un tel malheur l'enfant bien-aimé, on garnissait mon bissac de provisions pour la route.

« Arrivé à Paris, je ne possédais pas une obole et n'avais pour tout bien que ma confiance inébranlable en la Providence : cela vaut bien tous les trésors.

« Mon premier soin fut d'entrer dans une église. Au sortir du temple, je fus rejoint par un monsieur qui m'avait observé. Longuement il m'interrogea. Je répondis de mon mieux à toutes ses questions, et il me fit la proposition que je l'ai renouvelée aujourd'hui.

« Je grandis à ses côtés ; il m'a fait ce que je suis.

« Depuis de nombreuses années, Dieu l'a rappelé à lui ; mais le souvenir de ses vertus est toujours présent à ma mémoire. Sa vie a été l'idéal de ma vie. L'esquisse n'est, hélas ! qu'une ébauche auprès du modèle ; mais sa devise : « Toujours plus haut ! » est restée la mienne. En voyant prospérer ma fortune, que de fois je songeais avec tristesse à mes pauvres parents, morts à la tâche, et qu'il m'eût été si doux de rendre heureux !

« La douleur, le lot de tous ici-bas, est aussi venue m'atteindre. J'ai perdu, jeune encore, la compagne de ma vie. Mon fils unique, l'espoir de ma vieillesse, est allé la rejoindre, me laissant ce cher enfant, qui seul anime de ses jeux la vieille maison, délaissée successivement par ces êtres chéris.

« J'ai désiré souvent pouvoir rendre à un autre abandonné, malheureux comme je l'étais alors, le bien qui m'a été fait autrefois.

« Tu es celui-là. J'ai confiance en ton cœur et une pensée intime vient me dire : Le fils d'un homme qui a versé son sang pour la France ne saurait être un ingrat. »

XXI

NOUVELLES DU PAYS

Je brûlais du désir de me mettre à la besogne; mais, de la nuit où j'avais failli périr, il m'était resté une bronchite opiniâtre dont mon protecteur voulait d'abord me voir guéri.

Après la dernière conversation que je viens de rapporter, il m'avait adressé une autre question.

« Y a-t-il longtemps que tu n'as écrit en Alsace, et as-tu des nouvelles de ta famille?

— Mais, monsieur, avais-je répondu, depuis la mort de ma mère je me suis trouvé sous la dépendance du maître. Après ma guérison, j'aurais pu écrire peut-être; et encore ne suis-je pas sûr qu'il m'en aurait laissé la liberté. Toutefois, je ne songeai pas à le faire. Qui aurait lu ma lettre? Ce n'eût pas été grand'mère, dont la vue et l'intelligence sont parties maintenant; encore moins Kate et Gredel, bien trop jeunes, hélas! les pauvres mignonnes. Je ne voulais pas qu'un étranger, même un ami, pût apprendre que je demeurais chez Fritz. Maintenant, grâce à Dieu, je n'ai plus cette crainte, et je voulais précisément, monsieur, vous demander la permission de le faire.

— Certes, mon enfant, tu le peux dès aujourd'hui. Cependant, laisse-moi écrire cette fois. Je vais m'adresser au curé de ton village, pour l'instruire de mes intentions à ton égard et lui demander, en même temps, l'extrait de ton acte de baptême. Tu m'as dit avoir près de douze ans, et il faut songer à ta première communion. Bientôt, quand t'arrivera le premier argent que tu auras gagné, tu le lui enverras pour l'aider à soutenir ta famille. »

Tout cet arrangement était fort sage. M. Dubois écrivit le jour même, et pendant ma reclusion forcée, Charles me fit de fréquentes visites.

Sa mère, une mère si bonne, si tendre, si dévouée ! et qui me rappelait la mienne, l'accompagnait souvent. Jusque-là, elle avait fait seule l'éducation de ce fils unique. L'enfant était petit, faible pour son âge — il venait d'atteindre sa huitième année — et le régime d'une pension eût pu lui être funeste. Malgré cette crainte perpétuelle pour la santé de l'enfant chéri, elle avait vis-à-vis de lui autant de fermeté que de douceur. Charles n'aimait pas le travail ; je l'avais vu tout de suite, et, lorsqu'il devait apprendre sa leçon, ses jambes étaient sujettes à l'envahissement de ces mêmes fourmis qui m'avaient attiré autrefois tant de punitions.

Ce matin, après le départ de son grand-père, il était resté dans ma chambre, implorant comme une faveur d'étudier auprès de moi. Prenant son livre avec ardeur, il commença à lire la première phrase du chapitre désigné ; puis, subitement, il s'interrompit et m'adressa la parole. Je répondis par un signe, en désignant la page commencée ; Charles rougit un peu et se remit à la besogne pour la quitter encore au bout de quelques secondes. Enfin, par un brusque mouvement d'impatience, il jeta à ses pieds le pauvre livre et, se couvrant le visage de ses deux mains, sanglota bruyamment, déclarant que jamais il ne pourrait retenir semblable leçon.

Doucement, me glissant près de lui, je relevai la victime. C'était une belle Bible illustrée, ouverte encore au chapitre : Le songe de Jacob.

Oui, j'avais étudié cela autrefois et je me rappelais y avoir prêté peu d'attention. Plus âgé, mûri par le malheur, je m'étonnais de ne pas avoir admiré plus tôt la touchante histoire de ce fugitif, qui n'avait qu'une pierre pour reposer sa tête, et dont le sommeil, béni de Dieu, s'était vu favorisé d'une si belle vision.

Relisant encore le merveilleux récit, je restai silencieux, et Charles étonné se glissa tout près de moi.

« C'est bien difficile, n'est-ce pas ? me dit-il.

— Mais non, répliquai-je ; c'est très beau, très intéressant et tout ce qui intéresse se retient aisément.

— Je ne sais.

— Voulez-vous que je vous le lise ?

— Pourquoi faire ? je ne pourrai jamais le retenir ; c'est impossible.

— Impossible ! mon vieux maître d'école nous disait souvent que ce mot n'est pas français. »

Il sourit d'un air de doute. Moi, fermant le livre, je commençai ce récit qui m'impressionnait singulièrement.

« Ne voyez-vous point Jacob, lui dis-je, qui, obligé de fuir devant le courroux de son frère dont il redoute la vengeance, possédant pour tout bien son bâton de voyage, est surpris par la nuit dans une contrée inconnue ? Il est fatigué, il s'endort la tête appuyée sur une pierre : ne le voyez-vous point ?

— Si, je vois maintenant ; continuez.

— Son esprit est visité par un songe divin. Une échelle immense, dont le pied s'appuie sur la terre, vient aboutir au ciel. Le long de cet étroit chemin, des anges, tout éclatants de lumière, descendent vers lui, puis, célestes messagers, ils remontent au ciel. Les voyez-vous également ?

— Bon, je vois aussi ces anges ; mais après ?

— Après ? Dieu parle, sa voix arrive jusqu'à Jacob. « Je suis, dit-il, le Dieu d'Abraham et le Dieu d'Isaac. Je vous donnerai à vous et à vos enfants la terre où vous dormez. » Ne trouvez-vous point belle cette consolation envoyée au pauvre voyageur ? La route ne doit plus lui sembler pénible, maintenant qu'il entrevoit la récompense promise à ses efforts. Retiendrez-vous encore ce que dit la voix divine ?

— Oui, assurément.

— Et maintenant vous pouvez réciter cette leçon ; je suis sûr que vous la savez parfaitement. »

Et Charles, ému, étonné de son savoir, me fit, sans se tromper, le récit qui l'avait si fort découragé tout d'abord. Comme il finissait :

« Bravo ! » dit une voix joyeuse.

M. Dubois était devant nous, et sans doute avait assisté, invisible, à notre entretien. Absorbés comme nous l'étions, nous n'avions pas entendu le bruit de ses pas.

J'étais un peu embarrassé de me voir surpris dans ce rôle de professeur, moi qui aurais eu si grand besoin de leçons. Cependant, je me rassurai en voyant le beau regard profond de mon bienfaiteur se fixer sur nous deux, nous embrassant, pour ainsi dire, dans une même pensée affectueuse.

Une de ses mains s'était posée sur la tête de Charles, de l'autre il m'attira près de lui, et ses lèvres effleurèrent mon front.

Ce baiser, dans un pareil moment, me causa une émotion que je ne pus surmonter. Mes yeux se remplirent de larmes : il me semblait être rendu à mon père ; et vraiment c'était bien un père qui veillait désormais sur le pauvre enfant.

Depuis ce jour, je partageai les leçons, les études de Charles. Sa mère s'adjoignit un professeur qui venait plusieurs fois la semaine. Je pensai, avec raison, qu'une chose seule pouvait prouver à mes bienfaiteurs la reconnaissance dont mon âme était remplie : une application constante et un travail persévérant.

Mais j'anticipe sur l'avenir, et c'est maintenant qu'il me faut parler de la nouvelle inattendue qui, encore une fois, vint bouleverser mon cœur et dont le souvenir me restera, tant que je vivrai, aussi présent, aussi heureux qu'au premier jour.

Un matin, peu de temps après l'envoi de cette lettre au pays, M. Dubois entra dans notre salle d'étude, en tenant un papier à la main.

L'expression de son visage me parut singulière.

« Jean, me dit-il sans préambule, qui t'a appris la mort de ta mère ? »

Cette question me laissa muet l'espace de plusieurs secondes.

En effet, personne ne m'avait dit : Tu n'as plus de mère ; mais j'avais deviné la fatale nouvelle lorsque Fritz, en entendant mon cri de détresse, ne m'avait répondu que par le silence.

Ce silence confirmait les craintes accumulées dans mon esprit depuis quelques jours. Mère Litz n'avait-elle pas dit elle-même : « Dieu veuille que cette pauvre Marguerite ne soit pas malade ! »

Et cette pensée était devenue aussitôt une torture nouvelle pour mon âme inquiète, agitée d'un funeste pressentiment.

Voilà ce que j'expliquai à mon protecteur attentif.

Lorsque j'eus terminé ce récit, M. Dubois me prit les deux mains qu'il garda dans les siennes, et je vis sa figure vénérable s'éclairer d'une expression radieuse. Sa voix, s'adoucissant encore, tremblait un peu quand il me dit : « Mon enfant, sois heureux, car le bon Dieu t'a réservé une grande joie... »

Il s'arrêtait, n'osant poursuivre, et moi, sans savoir ce qu'était cette joie envoyée par le Seigneur, je me mis à trembler de tous mes membres.

Avidement, je regardais mon bienfaiteur; toute mon existence me semblait suspendue à ses lèvres. Il ne me dit plus qu'une parole :

« Ta mère... »

Je répétai après lui, comme dans un rêve :

« Ma mère !... » Et j'éprouvai un bonheur si intense, une félicité si parfaite, qu'elle me parut trop grande pour ce monde.

Ma mère n'était point ravie à ma tendresse ! je crus mourir de joie en l'apprenant ; mes yeux se voilèrent d'un sombre nuage, la vie se retira de mon cœur et je perdis la conscience de tout ce qui m'entourait.

En revenant à moi, je me vis entouré de la famille réunie.

Ma tête reposait sur le bras de mon protecteur : Charles tenait une de mes mains qu'il mouillait de ses larmes ; sa mère me souriait doucement au travers de ses pleurs et son doigt me montrait le ciel.

Je compris. Joignant les mains, j'adressai à notre Père des cieux ma première parole de reconnaissance. Non pas que mes lèvres pussent la formuler ; mais tout mon être, s'élançant vers lui, disait dans un transport d'amour : Vous êtes bon, Seigneur ! merci, mon Dieu !

Et ce qui m'environnait me parut se revêtir de couleurs nouvelles : le jour était plus radieux ; le soleil, accourant se mêler à la fête, ne m'avait jamais semblé plus brillant. Je répétais :

« La vie est belle ; il fait bon ici-bas quand on possède encore sa mère ! »

Puis, les questions se succédèrent, nombreuses, insatiables :

« Que fait-elle ? Comment va-t-elle ? Ah ! elle aurait pu mourir de douleur en me croyant perdu. Sait-elle maintenant que j'existe ? »

M. Dubois répondait à tout. La lettre de notre bon pasteur lui apprenait que la veuve Müller, bien qu'elle fût brisée de chagrin par la disparition de son fils, était restée forte, courageuse pour soigner son cher entourage. Elle était aidée dans cette tâche difficile par une vieille amie, la bonne mère Litz, à laquelle l'enfant avait été confié à son arrivée à Paris. Cette pauvre femme, désespérée et le croyant perdu, quitta immédiatement son petit commerce, réalisa ses modestes économies, et courut offrir à la famille malheureuse les consolations et les secours matériels dont elle avait besoin.

La police rechercha Jean l'Alsacien. A ce moment, il était malade, presque mourant chez Fritz ; et tout cela semblait plus inexplicable encore : car les vingt francs envoyés au pays n'étaient point arrivés à destination.

Quelle longue lettre j'écrivis à ma mère !

XXII

IL ÉTAIT PERDU ET IL EST RETROUVÉ

Une surprise bien douce m'était réservée également.

Au bas de cette lettre, M. Dubois écrivit plusieurs lignes, annonçant la visite de Jean au pays, lorsque sa convalescence serait complète.

Était-ce possible ? J'allais la revoir, l'embrasser, après l'avoir crue perdue pour cette vie !

Le bonheur est un grand médecin ; il me guérit rapidement.

Cependant — rien n'est parfait en ce monde — ma joie était traversée par un souvenir déchirant, par une peine secrète :

Où était Martin ? qu'était devenu mon malheureux ami ?

Les recherches n'avaient point abouti, et nul, jusqu'alors, ne pouvait le découvrir.

Huit jours après l'heureuse nouvelle, j'étais en état d'entreprendre le voyage si ardemment souhaité et que m'offrait mon généreux protecteur.

Janvier touchait à sa fin.

La neige avait disparu et se voyait remplacée par une température plus clémente. Le soleil moins pâle réjouissait la terre par de fréquentes apparitions, et la nature semblait en frémir d'aise, comme si elle eût pris cette caresse pour l'annonce du printemps.

En mon âme ravie s'élevait un concert d'allégresse. J'allais retrouver ma mère, mon pays, ma famille, et l'avenir, jusque-là si sombre, m'apparaissait maintenant sous de riantes couleurs.

L'heure du départ a sonné.

De la main, j'envoie à ceux qui m'ont recueilli un dernier adieu.

Mon regard humide exprime encore toute ma reconnaissance, puis la lourde machine s'ébranle, lançant dans les airs d'épais tourbillons de fumée. La vapeur m'entraîne à toute vitesse : pourtant je l'accuse d'être trop lente encore. Que me faudrait-il donc pour contenter mes désirs ?

Ah ! je voudrais posséder les ailes de l'oiseau, ou la vitesse du vent, ou mieux encore la rapidité de la foudre, afin d'arriver plus vite près de celle qui m'attend. Non, je ne puis reposer tant que je n'aurai point aperçu son cher visage et, par mes baisers, effacé la trace de ses larmes.

C'est à ses pieds qu'il me faut implorer mon pardon. A ses pieds ! et cependant, quelques heures plus tard, lorsque j'aperçois une femme en deuil, presque défaillante sous le poids de l'émotion qui l'oppresse, et dont les bras s'ouvrent pour me recevoir, je me précipite sur son cœur. Nous nous regardons, nous nous embrassons : c'est tout.

Elle dit : « Mon fils ! » Je dis : « Ma mère ! » Pas une parole n'est prononcée et nous ne songeons qu'au bonheur de nous revoir après de si rudes épreuves.

C'est à ses pieds qu'il me faut implorer son pardon.

Cependant, de petites voix suppliantes arrivent à mes oreilles !

« Jean, mon frère Jean ! disent-elles, n'est-ce pas maintenant à notre tour ? »

Ce sont les mignonnes, qui s'accrochent à mes vêtements et qui lèvent vers moi leur visage rose et leur bouche souriante.

Chères petites, mes bien-aimées ! comme elles sont devenues grandes et fortes ! Puis, tour à tour, je les comble de caresses.

Ensuite, à petits pas, nous prenons le chemin conduisant à la maison. Seulement alors je veux parler des regrets que m'a laissés cette faute, en apparence bien légère, et qui avait eu de si funestes conséquences.

D'une parole, ma mère me ferme la bouche.

Étreignant plus fortement encore mon bras sur lequel elle s'appuie :

« Il était perdu et il est retrouvé, dit-elle, que le nom du Seigneur soit béni ! »

Puis au logis m'attend l'aïeule dont le visage, presque toujours impassible, ne s'anime plus au bruit du monde. Elle tressaille soudain en entendant le son de ma voix ; ses pauvres yeux éteints, recouvrant un éclair d'intelligence, s'élèvent vers le ciel comme pour une muette prière, et sa main tremblante, se reposant sur ma tête inclinée, semble m'accorder une bénédiction suprême.

Et vous, bonne mère Litz, vous qui fûtes la providence de la pauvre famille, combien j'ai contristé votre cœur et méconnu votre tendresse si dévouée !

Mais il est dit que les souvenirs du passé ne doivent point venir mêler leur tristesse à la joie de l'heure présente. Je suis reçu comme l'enfant prodigue ; le festin lui-même ne manque pas à la fête.

Tout ce que j'aimais autrefois se trouve rassemblé sur cette table : les crêpes fumantes, le gâteau doré, la crème mousseuse, chères gâteries d'une main maternelle, paraissent à mes yeux surpris ; et le visage de Kate et de Gredel s'illumine de contentement, car elles ne se rappellent pas avoir contemplé jamais un pareil banquet.

Il est peu de moments heureux dans la vie, et comme ils s'envolent rapidement, ces courts instants de bonheur !

Ces huit jours s'enfuirent à tire-d'aile. L'heure du départ vint bientôt, impitoyable, donner le signal des adieux.

Toutefois l'espoir de nous revoir quelques mois plus tard en adoucit l'amertume.

J'espérais, d'après les paroles de M. Dubois, être admis à faire, cette année même, ma première communion. Ce grand acte de la vie pouvait-il s'accomplir sans que ma mère fût présente? Mon protecteur ne le pensait pas et ne l'entendait point ainsi : car, à l'avance, il l'invitait pour ce beau jour. Mère Litz s'offrait, pendant ce temps, à soigner la pauvre grand'mère.

De quelles âmes dévouées et tendres n'étais-je point entouré ! Il me tardait de travailler pour elles, sous la direction de celui qui nous comblait de bienfaits. Bien des fois, pendant cette semaine, son nom était revenu sur mes lèvres, et de quelles bénédictions ne l'avait-on pas comblé en songeant aux périls que j'avais courus, surtout dans cette nuit affreuse pendant laquelle il avait abrité sous son toit le pauvre enfant abandonné ?

Avec moi aussi on avait pleuré en songeant à Martin.

« J'aurais voulu pour toi un tel ami, disait ma mère. » Puis, ensemble nous demandions à Dieu de nous rendre l'orphelin.

Le retour se fit rapidement. Je partis un soir à la tombée de la nuit, et le lendemain, au petit jour, j'arrivais à Paris.

M. Dubois et Charles m'attendaient à la gare. Heureux du bonheur que reflétait mon visage, ils ne se lassaient point de m'entendre parler de la joie de ma mère. En racontant les détails de mon arrivée au pays, je voyais leurs yeux s'humecter de douces larmes ; puis leurs regards fixés sur moi semblaient dire : Attends encore, l'avenir te réserve une autre surprise.

Je vis bientôt se réaliser cette promesse. En entrant à la maison, je crus être le jouet d'un rêve.

Une mélodie joyeuse accueillit mes premiers pas au logis et salua mon arrivée par un chant d'allégresse.

Dans ces accords harmonieux je reconnus la voix magique qui, autrefois, au moment des épreuves, avait consolé ma douleur. Oui, c'était bien elle ; non plus tristement plaintive, exprimant la sombre amertume d'un cœur malheureux, mais s'élevant au contraire fraîche et doucement joyeuse, comme celle d'un oiseau annonçant les beaux jours.

J'avais poussé un cri : « Martin ! »

À cet appel, le violon s'était tu. Deux secondes plus tard, des bras caressants m'enlaçaient dans une affectueuse étreinte.

« C'est toi ? c'est bien toi ?... Comment as-tu pu échapper à la colère du maître ? Je puis dire aussi comme a dit ma mère : Il était perdu et il est retrouvé ! Mon ami, mon pauvre cher ami ! remercions Dieu ensemble. »

Le premier moment d'effusion passé, je voulus avoir des détails sur son évasion.

C'était bien simple.

Après nous avoir surpris, au moment même où nous allions fuir, Fritz visita la cellule et, voyant la lucarne grande ouverte, devina la route périlleuse que nous avions prise.

Afin de rendre impossible une seconde tentative du même genre, il s'était résolu à clore l'ouverture avec des planches solidement assemblées ; puis son bras, animé par la colère, avait fustigé cruellement le pauvre garçon.

Jeté ensuite dans cette cellule d'où je venais de sortir, il pouvait tout craindre, tout redouter de la vengeance de l'Alsacien.

Dieu veillait sur lui.

Le lendemain la police arrêtait le voleur, emmenait les enfants et ne pensait point à visiter ce refuge que Fritz, mû peut-être par une pensée diabolique, ne songeait pas à dévoiler aux agents.

Ceci tourna contre lui-même.

La troupe partie, cette vieille femme qu'avait aperçue M. Dubois s'empressa de délivrer Martin, dans la seule pensée de jouer un tour à la police si elle revenait le chercher sur les indications du maître.

Mon ami ne se fit pas dire deux fois de fuir au plus vite.

Saisissant son cher violon, acceptant quelque nourriture offerte par la Frimbole, il se sauva dans la crainte de partager le sort de ses compagnons.

Être arrêté sous l'inculpation de vol, puis jeté en prison ; se retrouver près de son persécuteur, sans pouvoir réussir peut-être à prouver qu'il était resté innocent au milieu des coupables : ces pensées lui inspiraient une terreur folle.

Pendant plusieurs semaines il erra dans les carrefours, gagnant à peine de quoi se soutenir et couchant dans les carrières abandonnées, jusqu'au jour où il était arrivé près de cette porte qui m'avait déjà été si hospitalière.

Mon protecteur, entendant le son d'un violon, avait eu un pressentiment dont il nous parla souvent depuis. Il fit monter dans son appartement le jeune musicien et, en voyant ce garçon chétif dont le visage, d'une effrayante pâleur, s'éclairait de deux grands yeux doux et timides , il comprit tout de suite que le fugitif était en sa présence.

« C'est la Providence qui l'a guidé vers nous, disait-il avec émotion. Désormais, Jean, Martin et Fidèle, vous êtes mes prisonniers, et chacun aura sa part de travail, car j'ai de l'ouvrage pour tout le monde. »

Dès ce jour, nous fûmes employés dans la grande maison de commerce que dirigeait encore le bon M. Dubois.

Fidèle, élevé une seconde fois à la dignité de gardien, se concilia tous les suffrages. C'était un chien d'expérience et qui n'aboyait pas sottement au premier passant venu ; mais sa vigilance fit depuis échouer maintes fois les entreprises des plus adroits voleurs.

XXIII

CONCLUSION

Il me reste à parler de ce grand acte de ma vie qui est venu clore les deux années dont j'ai retracé l'histoire.

Ce beau jour fut celui de ma première communion.

Martin eut, comme moi, ce bonheur qui nous a laissé le plus doux souvenir de notre vie.

J'avais écrit à ma mère : « Viens bénir tes fils ! »

Elle est arrivée, nous a nommés ses enfants, en nous serrant tour à tour dans ses bras.

M. Dubois, sa belle-fille, son petit-fils, nous entourent et partagent notre joie.

Pourquoi de tels instants passent-ils comme tout passe en ce monde ?... Non, je me trompe : ce bonheur ne saurait s'évanouir. Nous ne sommes plus des enfants. Nous désirons être des hommes ; mais des hommes chrétiens, courageux, intrépides et sachant vouloir ce qui est vraiment bon.

Ce jour est loin déjà, et je songe aux résolutions prises autrefois. Les avons-nous suivies ? les yeux fixés sur le but, ne nous sommes-nous pas laissé égarer dans les chemins faciles où les fleurs recouvrent les ronces ?

De nombreux événements se sont écoulés depuis lors.

Charles, Martin et moi sommes associés, et la maison Dubois et Cⁱᵉ est aussi prospère qu'elle a jamais pu l'être.

Notre bienfaiteur vit toujours. Nous le vénérons, nous l'aimons ; il est heureux près de ses enfants.

Grand'mère est partie pour un monde meilleur ; la bonne mère Litz l'a suivie rapidement au tombeau.

Ma mère, cédant à mes prières, est venue s'établir près de moi, et ce m'est un grand bonheur de chercher à lui faire oublier maintenant la détresse des mauvais jours.

Kate et Gredel ont grandi. Elles sont devenues instruites, tout en restant simples, et leur gracieux visage a conservé sa fraîcheur d'autrefois.

Je les nomme : « Mes roses ! » Je ne suis pas seul de cet avis.

Fidèle est bien vieux ; nous le soignons, nous l'aimons comme un ancien serviteur, un ami dévoué.

Pour moi, j'ai, paraît-il, conservé les traits et l'expression de visage de ma première jeunesse. Martin est presque méconnaissable. Qui retrouverait dans ce jeune homme grand, fort, vigoureux, ce pauvre orphelin si triste et si pâle ? Seuls, ses yeux n'ont point changé : ils sont toujours aussi lumineux, aussi purs, doux et tendres comme ceux d'un enfant.

Mon ami n'a pas abandonné son cher violon et a conservé l'habitude d'exprimer, avec le secours de cette voix mélodieuse, les sentiments de son cœur, les peines ou les plaisirs de la vie.

Dernièrement, l'instrument chantait d'une façon étrange ; j'étais tout dérouté et n'y comprenais plus rien. Je voulais interroger le musicien ; lui se dérobait toujours à mes questions ; enfin, n'y tenant plus, je me fâchai tout rouge, reprochant à ce violon original de s'obstiner à parler d'une manière inintelligible et de cacher quelque chose à son frère.

Ce mot de frère le fit pâlir.

Pour moi, ce fut un trait de lumière. Prenant ses mains dans les miennes :

« Est-ce vrai, ami ? dis-moi que je ne me trompe pas !

— Hélas ! dit-il, pourquoi n'ai-je pas un nom à lui offrir ?

— N'est-ce que cela ? Un cœur comme le tien ne vaut-il pas tous les noms de la terre ? »

Je consultai Kate, elle fut de mon avis et ne fit pas attendre sa réponse :

« Il aime Dieu, il aime la France, me dit-elle : c'est assez pour être heureux. »

Voilà comment ma mère a deux fils au lieu d'un.

Si je ne me trompe, elle en aura bientôt trois. Charles ne nous quitte point et, au bruit de ses pas, ma petite Gredel devient plus rose encore.

Tous les ans, à l'époque du triste anniversaire, nous allons toujours revoir notre pauvre chère Alsace et prier sur la tombe de mon père.

Chaque année aussi, nous l'ornons de deux couronnes d'immortelles. L'une est l'expression de nos croyances, de notre foi chrétienne en l'immortalité de l'âme ; l'autre est l'emblème de cette espérance que rien ne peut déraciner de nos cœurs et qui se trahit par cette parole d'adieu, prononcée jadis par le soldat mourant : « Vive la France ! »

MÉFAITS DE « MON ONCLE »

Contrairement à ce qui se passe en Europe, où plus d'un oncle se lamente sur les actes d'un coquin de neveu, c'est l'oncle lui-même qui tourmente et terrifie dans les Indes un pauvre peuple de descendants.

Pour justifier quelque peu « l'oncle » des grandes Indes, disons bien vite qu'il n'est point si coupable qu'on pourrait le supposer ; car, d'après les lois de la métempsycose, de bonnes âmes humaines, inoffensives durant leur existence, s'en vont, après la mort, et pour obéir aux décrets divins, se loger dans le corps du tigre, le cruel persécuteur de ces populations.

Le peuple de l'Inde craint au-dessus de toutes choses ce redoutable ancêtre : il en parle avec un respect non simulé, ou, plutôt, il n'en parle pas, dans la crainte d'attirer sur lui, même à quelques lieues de distance, l'attention du félin.

L'un de ces derniers, plus terrible et plus exigeant encore que ses prédécesseurs, faisait trembler les habitants de Jhausie depuis près d'une année. D'où venait-il ? nul ne le savait. Il était apparu un beau matin, adulte et superbe, dans la vallée qui s'étend autour du village, jetant un regard calme et dédaigneusement féroce aux malheureux qui s'enfuyaient, lui criant d'un ton lamentable :

« Aie pitié de nous, oncle ! »

Mais ces souvenirs de famille n'avaient point adouci l'humeur du félin ; d'ailleurs, comme l'assure le proverbe : ventre affamé n'a pas d'oreilles. Et l'oncle indien possédait un terrible appétit.

Il y eut d'abord une sorte de convention tacite entre « l'ancêtre » et ses descendants. Ceux-ci avaient de beaux troupeaux auxquels le tigre jetait maint regard de tendresse. On lui en offrit gracieusement, chaque semaine, un des plus gras représentants.

Il parut s'en contenter durant l'espace d'une demi-lune ; puis, la fantaisie lui vint de doubler sa ration, de la tripler même, à la barbe des gardiens auxquels le respect et la crainte, tout ensemble, fermèrent la bouche.

La mansuétude des pauvres gens eût dû toucher le terrible souverain. Point ; après les bêtes, ô horreur ! arriva le tour des neveux.

Un enfant fut enlevé à sa mère. Moins clément que le lion de Florence, le tigre ne rendit point à la malheureuse femme l'objet de son amour. Des jeunes filles, encore adolescentes, périrent de même sous la dent du fauve, et, un jour, tapi dans les jungles, il osa attaquer de paisibles voyageurs qui traversaient la vallée toute semée, hélas ! de débris d'ossements.

La terreur, une terreur folle et silencieuse, s'empara des habitants de la contrée. Plus de réjouissances, plus de fêtes, plus de sécurité, plus de bonheur. Autour d'eux, près d'eux, à leur porte veillait le tigre semant partout l'effroi, la ruine, la désolation, la

mort. Insensible aux prières, sourd aux reproches, indifférent aux
anathèmes : en vain les plus respectables, les plus riches, les plus
âgés des habitants de Jhausie, criaient-ils chaque soir, vers les
quatre points cardinaux :

« Aie pitié, ô mon oncle ! va-t-en loin de nous ! »

« L'oncle » restait où il se trouvait si bien.

Un Français, le comte de Châteauneuf vint à séjourner dans le
pays désolé. Tout bas, en tremblant, on lui redit les méfaits de
« l'ancêtre », les outrages dont il abreuvait les malheureux indigènes,
ne se contentant plus des offrandes qui lui étaient livrées, mais
attaquant les hommes au mépris des liens de parenté qu'invoquaient
les pauvres gens. Le comte écoutait, fumant un cigare, et quand on
eût fini la lugubre narration : « Il faut tuer cet « oncle, » dit-il tran-
quillement. Une émotion terrible s'empara de l'auditoire. Le félin

avait entendu, bien sûr, il ferait payer cette téméraire menace, appellerait à ses côtés une troupe de frères et d'amis qui mettraient la contrée non pas à feu mais à sang.

Le comte avait allumé un deuxième cigare, et, répétant sa phrase :

« Il faut tuer cet oncle, » dit-il de nouveau.

Un vieillard prit la parole : « Qui se chargera de lui ôter la vie? À moins de posséder un fusil enchanté, nul ne se hasarderait parmi nous à tirer sur le tigre, car les balles n'osent frapper le but quand il regarde, de son œil de flamme, l'arme meurtrière et l'infortuné chasseur.

— Décidez un homme à m'accompagner, reprit le comte, à me guider vers l'antre du tigre, et, si Dieu le permet, je vous délivrerai de sa domination. »

La promesse était belle, tentante ; mais, obstacle prévu, où trouver dans le pays l'homme de bonne volonté qui consentirait à servir de guide au courageux étranger.

On chercha pendant deux longues semaines. Les uns disaient : je ne sais ; les autres : je n'ose ; et pendant ces pourparlers « l'oncle » continuait à égorger les victimes qui lui agréaient.

Enfin se présenta un pauvre chamelier. Le félin lui avait tout pris : femme, enfant, bestiaux ; il restait seul, le cœur gonflé de haine, maudissant nuit et jour le féroce carnassier.

Ah, sûrement, il connaissait son repaire. Il était situé dans un endroit désert ; une roche bizarre en surmontait l'entrée ; des palmiers l'abritaient, ainsi que quelques vieux dattiers dont les fruits jonchaient la terre, car personne ne se fût avisé d'aller les recueillir.

Le comte, attentif, apprêtait son arme : « Nous irons ce soir,

dit-il au chamelier, es-tu prêt ?

— Je suis prêt.

— C'est bien. A la nuit tombante sois ici, je t'attendrai. »

La nuit arriva; magnifique nuit de printemps, embaumée du parfum des manguiers, étincelante d'étoiles dont les traînées lumineuses se reflétaient dans les eaux des petits lacs d'alentour.

Les indigènes sont émus, tremblants. Le chamelier lui-même a perdu son audace ; il fait sombre, sa vaillance ne peut subsister qu'à la face du soleil.

Le comte renouvelle sa question : « Es-tu prêt ? »

Une voix qui tremble répond cependant : « Je suis prêt. » Et les deux hommes, le chasseur et son guide, s'en vont à la rencontre du cruel félin. Un affût a été disposé sur les branches d'un gros arbre. C'est un mouton, il bêle plaintivement, on n'entend que sa voix dans le silence de la nuit.

Bientôt cependant arrivent les chacals, les hyènes au noir pelage, qui vont se repaître de débris de festin. Ils ricanent, ils se chamaillent, ils grondent et se disputent des lambeaux de chair à demi rongés par le maître de ces lieux.

Tout à coup, comme par magie, ils se taisent subitement, abandonnent leur proie, s'éloignent, devinant l'approche du seigneur.

La plaine est silencieuse ; à peine quelques craquements se produisent-ils dans le fourré, et le tigre apparaît lentement, presque incertain, humant l'air, éventant l'espace ; puis, d'un bond formidable et cependant gracieux comme celui d'un jeune chat, s'élance sur la proie qu'on lui a préparée.

Le comte épaule son fusil, il vise, le coup retentit, un rugissement se fait entendre ; l'animal est blessé, mortellement peut-être, mais, par un élan suprême, il vient bondir jusqu'aux pieds du chasseur.

L'arme trahit son maître, la seconde balle ne part point ; et le chamelier, affolé, s'enfuit dans la direction du village avec le fusil qui lui est confié.

« Tout est fini, crie-t-il ; le Français est mort, « l'oncle » est furieux, nous sommes perdus ! »

Les cris, les plaintes, les lamentations s'élèvent de toutes parts ; chacun se barricade dans sa demeure, chacun croit entendre, à sa porte, le rugissement du fauve, nul ne songe à porter secours au malheureux chasseur. Ce n'est qu'au jour naissant que les plus intrépides s'en vont en reconnaissance vers le lieu de la lutte. Ils avancent en tremblant, guidés par le chamelier.

Un spectacle imprévu s'offre à leurs regards. Sur le sol piétiné, labouré, ensanglanté, sont étendus deux corps : celui du comte, qui enlace d'un bras crispé le cadavre de son ennemi, tandis que sa main droite tient encore le poignard dont il l'a frappé.

Ils sont beaux et terribles, couchés ainsi l'un à côté de l'autre.

En tremblant, on s'approche. Le tigre est mort, bien mort, percé de vingt coups de poignard ; et la pitié, l'admiration, la reconnaissance, le remords, se glissent dans toutes les âmes en contemplant le fier visage, pâle et ensanglanté, du courageux chasseur.

A la hâte, ils construisent une civière de branchages. Le tigre y est déposé ; et les indigènes, en soulevant le corps du comte, s'écrient tout à coup : « Il vit, il a remué ! »

Quinze jours plus tard, échappé par miracle aux bras de la mort, M. de Châteauneuf ouvrit les yeux et aperçut, au pied de son lit, la peau mouchetée de « l'oncle » des Indiens.

Convenez, lecteur, qu'il l'avait bien gagnée.

TABLE DES MATIÈRES

SOUVENIRS D'UN PETIT ALSACIEN

VILLEFRANCHE. — SOCIÉTÉ ANONYME D'IMPRIMERIE. — JULES BARDOUX, DIRECTEUR.